日本の遺跡41

樺崎寺跡

大澤伸啓 著

同成社

整備された多宝塔跡（建物３）

発掘調査中の多宝塔跡（周囲に瓦が散在する）

応永20（1413）年銘の瓦（鎌倉公方足利持氏の時代の建物改修にともなうもの）

遺物・資料が語る樺崎寺跡の歴史

三鈷杵文軒平瓦（鎌倉時代初頭のもので類例が数少ない）

下御堂跡周辺から出土した四耳壺（足利氏ゆかりの女性ものと推定される焼骨が入っていた）

厨子入り大日如来坐像（黒漆塗りの厨子の中で智拳印を結び結跏趺坐する。運慶作、光得寺蔵）

鑁阿寺に伝わる足利義兼自画像

大日如来坐像（下御堂の本尊として祀られていたとされる。運慶作、真如苑蔵、画像提供：東京国立博物館 Image：TNM Image Archives）

園池洲浜の発掘
状況（第３期）

明らかになった
寺内園池の様子

発掘された中島

目　次

カバー写真　樺崎寺跡全景
装丁　吉永聖児

樺崎寺跡

はじめに

「中世寺院」。やや耳慣れない言葉であるが、日本の中世にあたる十二世紀から十六世紀の間に創建された寺院のことをいう。読者の方々は中世寺院といったらどのような寺院を思い浮かべるであろうか。千年の古都といわれる京都であれば金閣寺（鹿苑寺）や銀閣寺（慈照寺）、武家の都であった鎌倉なら建長寺や円覚寺等がその代表格であろう。本書で紹介する史跡樺崎寺跡《かばさきでらあと》が所在する足利市では、室町幕府をつくった足利氏の氏寺である鑁阿寺《ばんなじ》がよく知られている。これらの創建から現在まで法灯を伝える中世寺院は、創建された後に堂宇が新たに建てられたり、あるいは建て替えが行われ、今日、私たちが目にしている伽藍構成は、これまでの長い歴史が積み重なった姿である。

それに対して、これから紹介する樺崎寺跡は、発掘調査によって全体像がほぼ明らかにされたわが国でも数少ない中世寺院の遺跡である。樺崎寺は、明治時代初めの神仏分離政策によって樺崎八幡宮という神社だけを残して廃寺となった。仏像や五輪塔などの仏教的なものは、近くにある菅田町の光得寺などによって引き継がれ、今日まで大切に守られてきた。かつて寺院のあった場所は、ほとんどが神社の境内地や個人所有の水田となって遺されてきた。

このようなことから、田んぼの下を発掘調査したところ、建物跡や園池跡など、多くの遺構や遺物を確認することができた。もちろん耕作によって壊されてしまった部分もあるが、市街地にある遺跡のように深く破壊されることなく、比較的良好な保存状態のままで遺構や遺物を確認することができた。まさに発掘調査によって扉が開かれた中世寺院のタイムカプセルなのである。

本遺跡の発掘調査は、考古学のなかでも歴史時代の分野である。考古学とは、昔の人が作ったり、使ったりした「もの」から人類の歴史を探る学問であり、旧石器時代や縄文時代、あるいは弥生時代など、文献史料のほとんどない原始時代はまさに考古学の独断場である。一方、歴史時代の場合は、その遺跡に関連する文献史料、美術・工芸品、あるいは、石造物等、発掘された考古資料以外にいろいろな「もの」が遺されており、さまざまな学術分野からの学際的な協力によって、遺跡の内容や価値を解明することが可能となる。樺崎寺跡は、重要文化財に指定されている鑁阿寺文書にもたびたび登場する文献史料が比較的豊富な寺院跡である。また、ゆかりの大日如来坐像等の仏像も遺されている。本書では、これら樺崎寺跡の解明に向けて行われたさまざまな学術分野からのアプローチも紹介したい。本書を通して歴史時代の考古学の醍醐味を感じていただければさいわいである。

なお、本書中、鑁阿寺文書からの引用部分等については、『栃木県史』中世一に掲載された番号を付け、（鑁一二四）のように略して記載する。また、鑁阿寺文書中、樺崎寺跡研究の基本史料となっている「鑁阿寺樺崎縁起並佛事次第」（鑁一二四）については、とくに多用するので、本書では単に「縁起」として記述していく。

I　日本史のなかの樺崎寺跡

1　院政期における地方文化の普及

一〇八六（応徳三）年、皇位を堀河天皇に譲った白河上皇によって院政が開始された。以後、一一八五（元暦二）年に周防国壇ノ浦にて平氏一門が滅亡するまでの約百年間は、院政期と呼ばれている。院政の開始を契機として、政治は摂関家を中心としたものから、院やその近親を中心としたものへと移行していった。

院政期の京都は、末法の世への危機感から極楽往生を願う浄土思想が盛んとなり、院やその近親たちの発願によるいわゆる御願寺の造営ラッシュに沸いた。平安京東の白河では法勝寺をはじめとする六勝寺、南東の法住寺殿では最勝光院や蓮華王院（現在の三十三間堂）が、さらに南の鳥羽殿では、証金剛院や安楽寿院、金剛心院などの御願寺が次から次へと建立された（図1）。

これら新たな御願寺の造営やそれを維持するための費用は、列島の各地に新しい荘園を立荘することによって賄われた。院政期に成立した荘園は、摂関期以来の「庄園」と「国領」を包括し

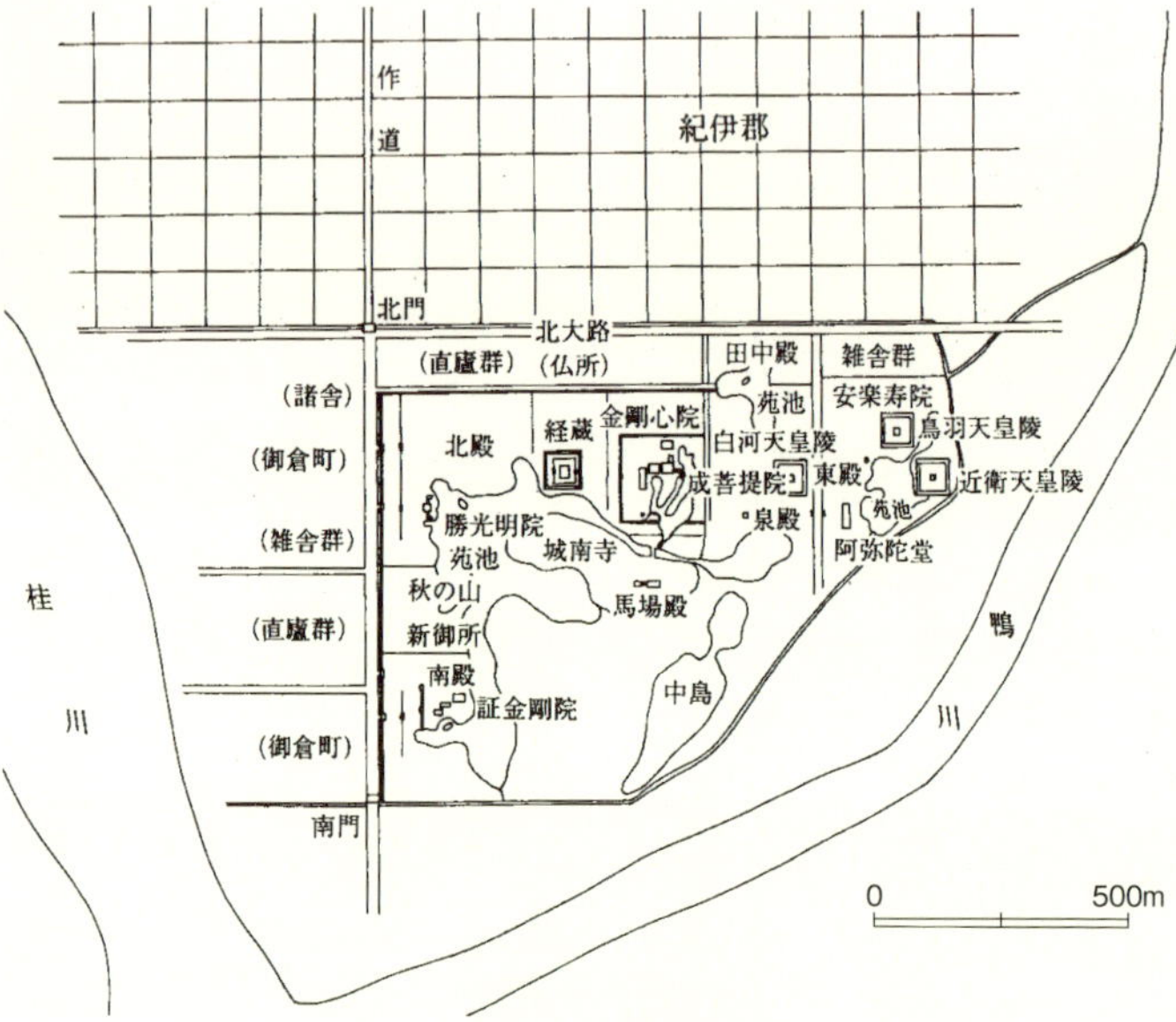

図1　鳥羽殿概略図

て、院権力のもとで領域を画定し、そこに中央貴族の請負体制を組み込んだ新たな所領支配の創出と考えるべきであり、中世の王権に直結した新しい公領支配の形態でもあったとされている。院政期における中世荘園の成立は、院やその近親たちを中心とする貴族への富の蓄積と、それによって可能となった平安京周辺の再開発を促進した。と同時に寄進した荘園を各地で現地支配していた地方武士たちにも富をもたらした。それぞれの地方では、荘園が成立する一方で国衙領など旧来の支配体制も維持され、これらを支配していた地方武士たちによる争いがしだいに激化していく。地方武士たちは、自力救済の戦いのなかで勝利を重ねながらそれぞれ独自の地域的軍事権力を確立していった。

　京都での御願寺の造営ラッシュは、地方へも飛び火し、各地で浄土思想を取り込んだ寺院が建立

図2　富貴寺大堂

された。中世荘園の確立による富の蓄積、地方武士の伸張による地域権力の確立、そして極楽往生を希求する武士たちの寺院への強い憧れが背景となり、日本列島の各地において、地方武士たちによる造寺造仏活動が盛んに行われた。奥州平泉の藤原氏による中尊寺や毛越寺、無量光院など諸寺院の建立、陸奥国南東端のいわきにおける白水阿弥陀堂や常陸国における日向《ひゅうが》廃寺《はいじ》の建立、九州における国東富貴寺大堂（図2）や臼杵石仏の造立などがそれである。後に述べるように、近年の発掘調査の成果では、会津盆地における薬王寺遺跡や武蔵国嵐山における平沢寺《へいたくじ》の存在など、院政期には、従来考えられている以上に、各地方ごとに独自の造寺造仏活動がさかんに行われていたことが明らかになりつつある。

2　足利荘と梁田御厨の成立

このような院政期における地方荘園成立の動きは、下野国足利にも及んでいた。藤原京の時代に確立された律令制度のなかで、現在の足利市域には、北の足利郡と南の梁田郡の二つの郡が存在していた。院政期になると、この二つの郡の領域のなかからそれぞれ足利荘と梁田御厨が立荘される（図3）。

現市域北部に成立した足利荘は、一一四二（康治元）年十月に安楽寿院領として立荘された。安

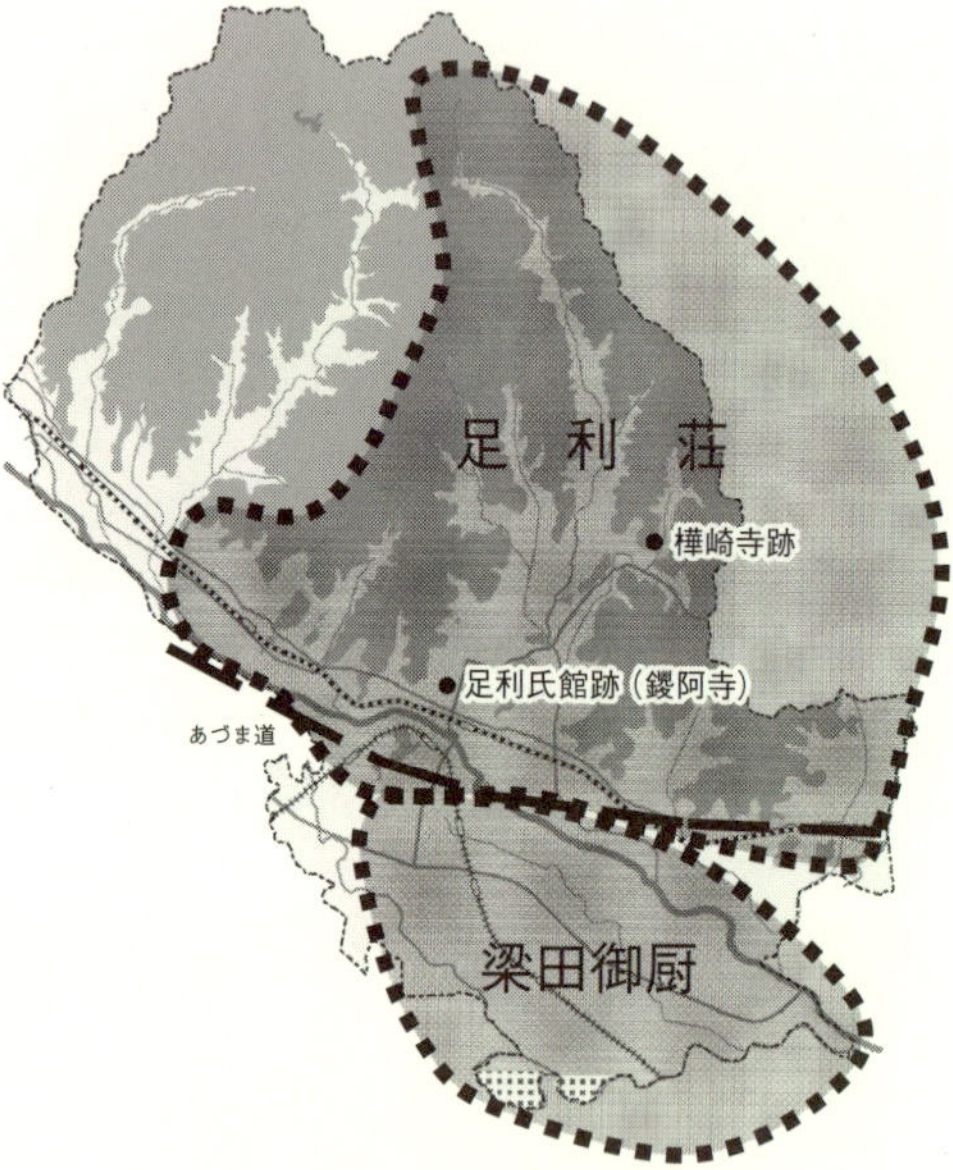

図3　初期の足利荘と梁田御厨

楽寿院は、一一三七（保延三）年に鳥羽上皇によって鳥羽離宮内に建立された寺院で、その造営費用を賄い、維持管理費用を捻出するために新たな荘園を立荘したのである。鎌倉時代に書かれた「安楽寿院領諸荘所済注文」によれば、足利荘は、その寄進者名は明らかではないが、足利義兼―義氏―泰氏―頼氏と伝領したこと、耕作地として田が九八丁七反一八〇歩、畠が一〇六丁三反六〇歩あり、ここで生産された国絹七一疋四丈、油五石代、四丈白布二〇〇端がそれぞれ納められていたことが確認できる。

一方、現市域南部に成立した梁田御厨は、足利荘が立荘された翌年の一一四三（康治二）年に伊勢神宮の内宮と外宮の所領として立荘された。鎌倉時代初頭に書かれた「伊勢大神宮所領注文」によれば、寄進した人は足利氏初代で京都の警備を担当する検非違使の役についていた源（足利）義康（一一二七〜一一五七）であった。梁田御厨からの奉納品としては、絹や綿、白布などがあげられている。

これらの史料から足利荘そして梁田御厨は、源姓足利氏が寄進者となって十二世紀中頃に立荘されたこと、両荘園ともに絹や白布あるいは綿が納められていることから、足利がこの頃すでに織物を特産物とする地になっていたことが確認できる。

3　二つの足利氏

安楽寿院に足利荘を、伊勢神宮に梁田御厨を寄進した源義国や足利義康は、京都において検非違使など御所の警護役として活躍していた軍事貴族であった。源義国（一〇九一～一一五五）あるいはその子義康（一一二七～一一五七）は、源義家（一〇三九～一一〇六）から伝えられた足利郡内の開発私領を鳥羽上皇に寄進することによって、荘園として領有することを認められたものである。

一方、その当時足利を直接支配していた在地領主は藤原秀郷を祖先とする藤原姓足利氏（図4）の足利家綱であった。藤原氏は、平将門の乱での戦功によって下野国南部から上野国東部にかけての土地を広く領有していた一族であり、そのなかで足利に土着した一族が後に足利氏と呼ばれたもので、平安時代後期においては、足利を現地で支配する在地領主になっていた。その一方で源義国や義康は中央で活躍していた軍事貴族（源姓足利氏、図5）として、これらの荘園が立荘されたときには、「領家」として在地領主である藤原姓足利氏を支配し、「本家（上皇）」との間をつなぐ仲介者となるなど、両者の役割分担は明確に分けられていたものと考えられる。

このバランスが崩れたのが一一五〇（久安六）年に起こった源義国の足利下向であった。義国は、京都において参内の途中、右大将藤原実能の行列とトラブルを起こし、彼の郎従が実能邸を焼

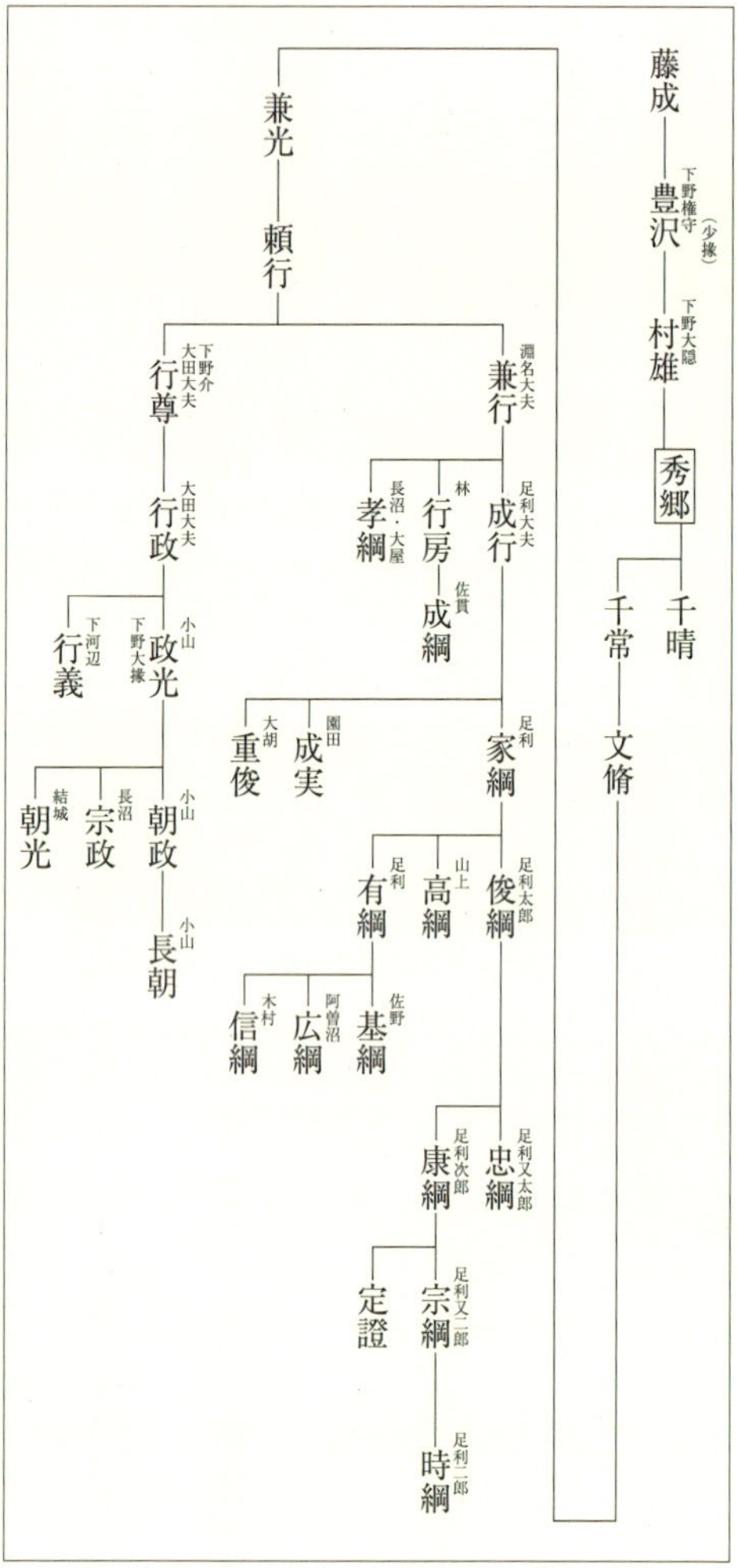

図4　藤原姓足利氏系図

き払ってしまった。この事件が原因となり天皇からおとがめを受け、父であった源義家以来のゆかりの地である足利へ下向して住みつくこととなったのである。下向後、義国が館を構えた場所は、市域南部の下野国一社（八幡）八幡宮付近、あるいはその西の字源氏屋敷付近と推定されている。

下野国一社八幡宮（図6）は、現渡良瀬川南にある山辺丘陵の南端に所在する。「前九年の役」のときに下向した源頼義・義家親子が一〇五六（天喜四）年に京都の石清水八幡宮を勧請したことに始まると伝えられ、下野国内でもっとも早く勧請された八幡宮であることから、下野国一社八幡宮といわれている。その西には「源氏屋敷」、南には源義家が「後三年の役」のときに陣所を置いたと伝えられる「大将陣」の小字名が遺り、この付近が足利における源氏濫觴の地であったことが推定できる。

現在遺されている下野国一社八幡宮本殿は、江戸時代中期の建立であり、現在の境内地においては平安時代の遺構・遺物は確認できないが、後述

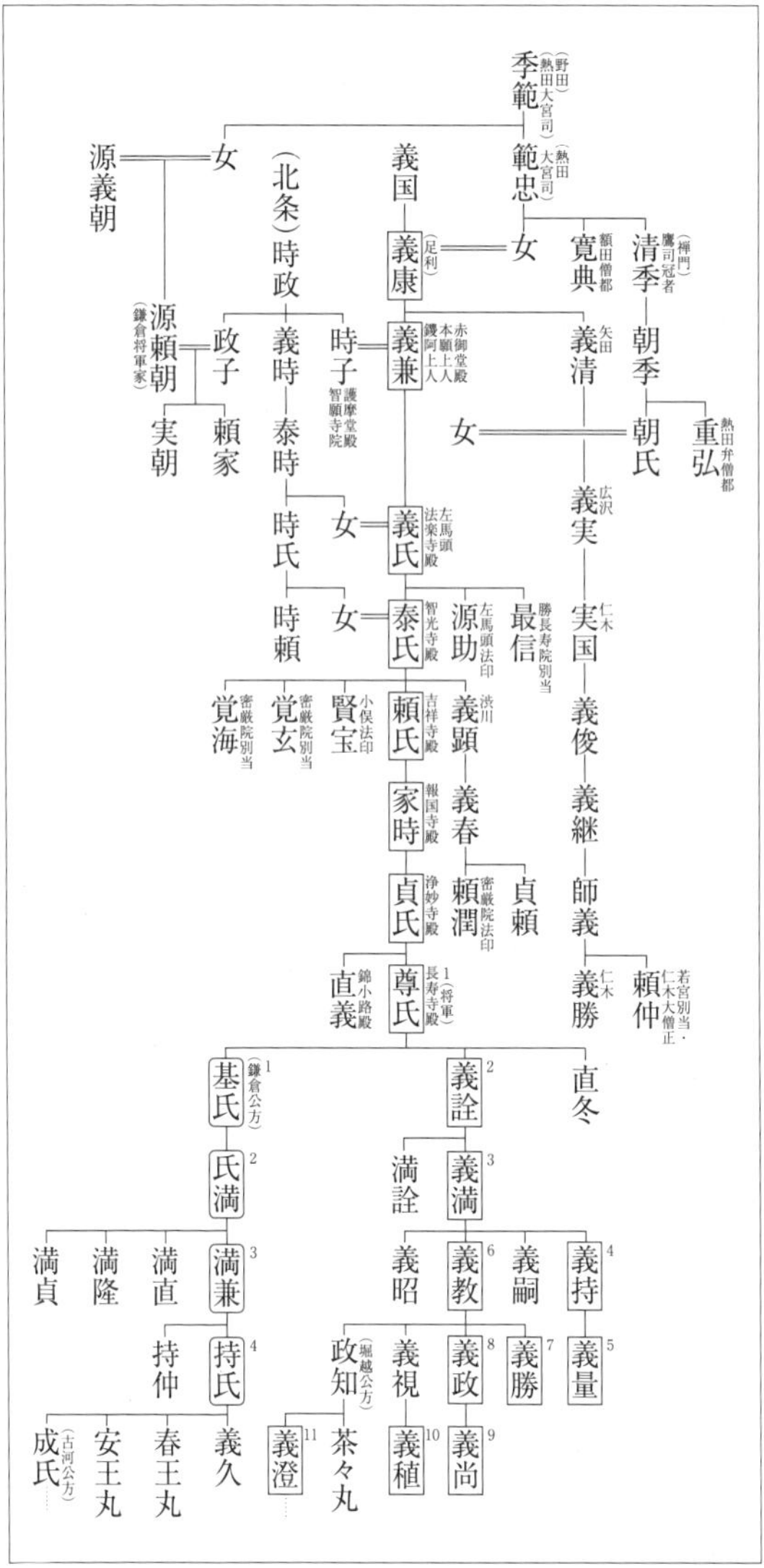

図5　源姓足利氏系図

図6　下野国一社八幡宮

するように、かつて丸山瓦全によって八幡宮のすぐ東にあった神宮寺跡から「三鈷杵文軒平瓦」が出土したことが報告されており、この付近に平安時代の瓦葺き建物があった可能性が高く、八幡宮草創の地として注目される。

　足利に定住した源義国の子・義康は足利氏、義重は上野国新田氏の初代となり清和源氏が足利、新田の両地域に定着する出発点となった。しかし、源氏の足利定住によって、それまで現地を直接支配していた藤原姓足利氏の惣領・足利家綱らとの軋轢が生じた。なお、義国は、一一五四（仁平四）年には出家して「荒加賀入道」を名乗り、その翌年に没している。法号は宝幢寺殿である。宝幢寺は、足利市街地西方で足利公園がある丘陵の南東端付近に小字名が残っている。

　近代日本最初の古墳の学術調査地として有名な足利公園古墳は、足利義国の墓ではないかという問題意識にもとづいて一八八七（明治十九）年に発掘調査が行われたものである。しかしながら、調査の結果、それよりも約五〇〇年も古い古墳時代の墳墓であることが確認されている。一九九二（平成四）年から一九九五（同七）年にかけて行われた足利公園古墳群の再整備にともなう発掘調査では、古墳周辺から中世の墳墓群が確認された。土壙や火葬跡、多数の五輪塔が出土するなど、十四世紀後半から十五世紀のものが主体であるが、土壙の一つから十三世紀初頭にさかのぼるかわらけが出土し（図7）、ここが、鎌倉時代初頭から墳墓が造られた場所であったことが確認されている。

源姓足利氏の初代とされる義康は、一一五六（保元元）年に京都で起こった保元の乱の際、後白河天皇方について崇徳上皇方の白河殿を襲撃し、その功績によって昇殿が許され、検非違使に任ぜられた。しかしながら、翌一一五七（保元二）年には没し、法号は鑁歳寺殿と称される。鑁歳寺は、鑁阿寺の北東方向、現在の旭町付近にあったと伝えられるが、発掘調査等による確認はなされていない。義国、義康の相次ぐ死去によって足利における源姓足利氏の勢力は著しく低下した。一方、藤原姓足利氏は、中央で政治の実権を握りつつあった平氏との結びつきを強めながら勢力を伸張し、足利家綱の子・俊綱の時代には数千町を領有して「郡内の棟梁」と呼ばれるほどに成長していた。

一一八〇（治承四）年、伊豆国韮山にて源頼朝が打倒平氏の旗を挙げると、日本列島の各地で、源氏と平氏あるいは源頼朝以外の源氏一族を担い

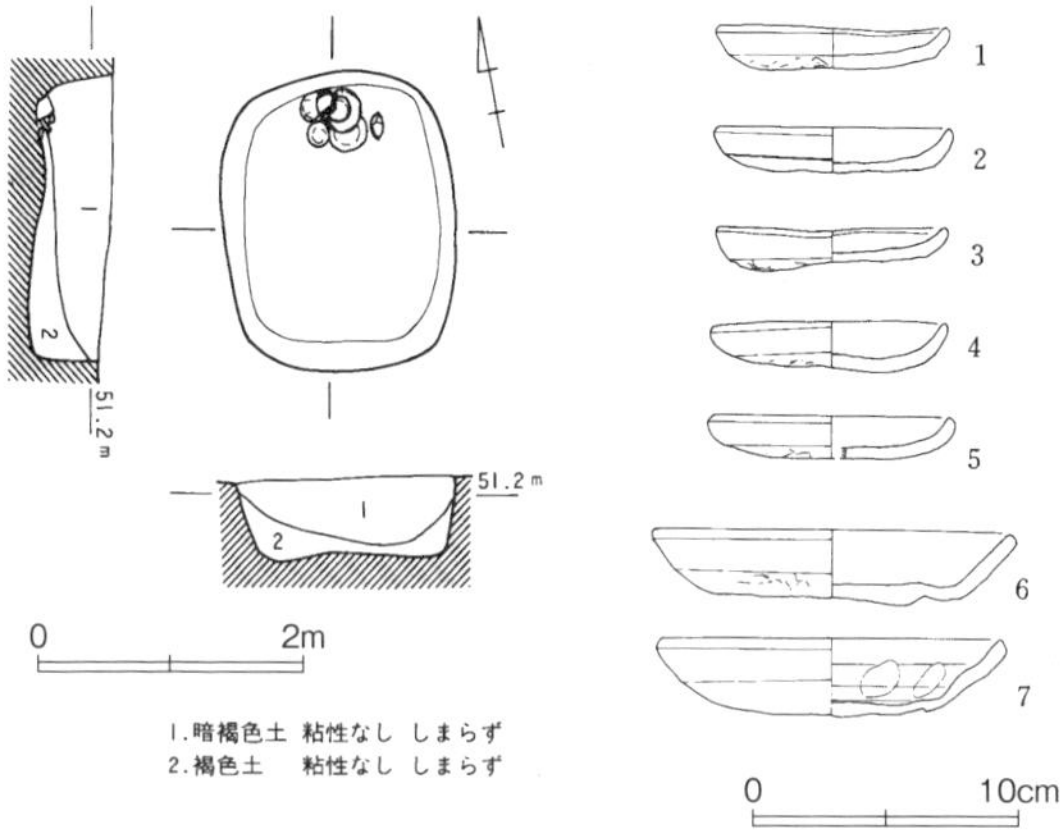

図7　足利公園古墳群出土の土壙とかわらけ

図８　熱田神宮

だ武士たちによる権力争いが始まった。この頼朝の挙兵から平氏滅亡までの五年間は、治承・寿永の内乱と呼ばれている。一一八三（寿永二）年には、常陸国の源氏一族である志田義広が、源頼朝を討つべく蜂起し、戦闘は、常陸国西部から下野国南部に及んだ。この志田の乱のとき、小山南部の野木宮で行われた合戦において藤原姓足利氏の棟梁であった俊綱、忠綱親子は、志田方に組みして敗北した。その後、俊綱は家臣の桐生六郎によって討たれ、忠綱は四国方面へ落ち延びたという。ここに藤原姓足利氏の現地支配が幕を閉じ、源姓足利氏が直接支配を行うこととなったのである。

4　鑁阿寺・樺崎寺を創建した足利義兼

鑁阿寺・樺崎寺を創建した足利義兼《よしかね》（一一五四?〜九九）は、清和源氏の嫡流である源義家のひ孫にあたる。前述のように父の義康は、足利氏の初代とされ、保元の乱の翌年一一五七（保元二）年には死去している。義兼の誕生は、一一五四（久寿元）年とする説が有力であるから、彼が三歳のときに父親が死去したことになる。義兼の母は熱田大宮司範忠の娘で、東海地方でもっとも勢力が強かった鎮守社・熱田神宮（図８）の大宮司家という名族の出身である。源頼朝とは、父方が同じ源氏一族であるとともに、母方を通じても血縁関係にあたる。一一八一（養和元）年には北条時政の娘・時子を娶っており、北条氏とも姻戚関係を結ぶとともに源頼朝と義兄弟になっている。このように源頼朝と出自を同じくする血縁関係、北条氏を通して義兄弟の関係であったことから、義兼は、鎌倉幕府の設立や運営にあたって、終始源頼朝方の武将として活躍している。

義兼には、義清・義長という二人の兄がいたが、打倒平氏のため挙兵した源頼政の軍に加わり、一一八三（寿永二）年十月に、備中水嶋における戦いで亡くなっている。義兼は、一一八五（元暦二）年には源範頼の軍とともに壇ノ浦の合戦に臨んで平氏一門を滅亡させ、その戦功によって上総介に任命されている。一一八九（文治五）年には奥州藤原氏との合戦に参加し、このことが樺崎寺建立の契機となった。一一九四（建久五）年十一月十三日には、一切経ならびに両界曼荼羅供養を鶴岡八幡宮において行った。この行事は、導師以下六〇人の題名僧が参列するという盛大なものであった。翌日には鶴岡八幡宮にそれを奉納する作善事業を行っている。この頃が鎌倉幕府における義兼の絶頂期であった。

翌一一九五（建久六）年正月一日には源頼朝に新年最初の垸飯《おうばん》を献じている。この年の二月十四日、東大寺再建供養のため上洛。三月十日、源頼朝の一行は、石清水八幡宮から東大寺に向けて移動した。鎌倉幕府御家人が勢ぞろいした供奉人のなかで、足利義兼は、頼朝の乗る車のすぐ後ろで北条時政らと並んで行列に参加、幕府内における地位の高さを知ることができる。三月十二日には東大寺供養に参列。翌十三日（二十三日あるいは、もう少し後という説もある）には東大寺にて出家し、義称と称した。これ以降、幕府の第一線から退き、足利へ拠点を移して仏門に帰依したと

図9　樺崎八幡宮本殿床下、足利義兼入定の地を示す木柱

いう。

樺崎八幡宮では、義兼は誉田別命と赤土命の他に義称命として祭神とされており、現在でも信仰の対象となっている（図9）。「縁起」によれば、晩年は負（笈）と呼ばれる厨子に入った大日如来坐像を前にして毎日供養を怠らなかったとされている。この仏像こそ、現在、菅田町光得寺が所蔵する運慶作とされる厨子入り大日如来坐像（重要文化財）であったと考えられる。

義兼は、一一九九（正治元）年三月八日樺崎寺の一角にて入滅。彼は自らの血で書いた次のような遺書を遺したという（「縁起」）。

予成神可爲此寺鎮守、将開一眼、閇一眼、開一眼者爲見、此寺之繁昌、閇一眼者、爲不見此寺之衰微也、此寺之繁昌者、則子孫之繁昌、此寺之衰微者、子孫深慎而已（自分は神となってこの寺の鎮守となす。まさに一眼を開き、一眼を閉じる。一眼を開くのは、この寺の繁昌を見るため、一眼を閉じるのはこの寺の衰微を見ないためである。この寺の繁昌は、すなわち子孫の繁昌であり、この寺が衰微することは、子孫の深い慎みとすべきである）

この遺書は実在しないため、その存否はともかくとしても、「縁起」が書かれた室町時代に鑁阿寺・樺崎寺の開基である足利義兼は、足利家の守護神として神格化され、信仰の中心になっていたことがわかる。樺崎寺は、まさに義兼入定の地として足利氏の崇拝を集めていたのである。義兼が念仏三昧の日々を送った堂は、彼の死後、朱丹で塗られて廟堂である赤御堂となり、樺崎寺の信仰の中核をなす堂とされた。義兼への篤い敬慕の念から、彼が入滅した樺崎寺は、その後も足利家代々の惣領が墓所となし、足利家の廟所へと発展していったのである。

5　鎌倉時代の足利氏と関連社寺・遺跡

足利義兼の入滅は、一一九九年三月八日とされるが、同じ年の一月には、鎌倉幕府初代将軍の源頼朝が死去している。頼朝の嫡子で二代将軍となった頼家も程なく失脚して修善寺に幽閉され、後に暗殺されてしまう。その兄弟で三代将軍の実朝も鶴岡八幡宮において暗殺され、源氏による将軍は三代で途絶え、幕府内においては、執権として将軍を補佐していた北条氏の権力がしだいに強まっていった。

そのようななか、義兼の跡を継いだ足利義氏《よしうじ》（一一八八～一二五四）は、北条氏との良好な関係を保ちながら、鎌倉幕府の重鎮として活躍した。一二二一（承久三）年に京都で後鳥羽上皇らが起こした承久の乱では、東海道大将軍として出兵して勝利に貢献し、義兼以来の所領であった上総国の他、新たに三河国の守護職を拝命するなど足利氏の所領を大幅に拡大した。一二四三（仁治三）年以降は、宿老として北条政権を補佐する立場となり、幕府内で安定した地位を保った。鎌倉時代後期に吉田兼好によって書かれた随筆『徒然草』の第二一六段には、当時執権職にあった北条

図10　法楽寺

時頼が鶴岡八幡宮に詣でた帰りに、足利義氏宅に立ち寄ったところ、歓迎の宴会が行われ、帰り際には土産として、足利の染物（織物）を小袖にして三十着分贈られたことが書かれている。執権の北条氏と足利義氏との間の親密な関係、あるいは、北条政権のなかで上手に立ちまわっていた足利義氏の姿を垣間見ることができる。

晩年、義氏は出家して正義と号し、一二四九（建長元）年足利荘鑁阿寺の北方に法楽寺を建立した。義氏没後は彼の菩提寺となり、義氏の法号は法楽寺殿と称された。法楽寺は、鑁阿寺の北約一キロに位置する山麓にあり、西方の山を背景にして東面する寺院で、緩やかな斜面の高い場所に堂塔を、その東側前面の低いところに阿弥陀池と呼ばれた園池を置く浄土庭園をもつ寺院である（図10）。現本堂の南側には、義氏の墳墓とされる円形の塚（市指定文化財）が遺され、その横に五輪塔が建てられている。義氏は、足利氏館内の持仏堂を発展させた鑁阿寺を本格的な寺院とし、十二口の供僧によって運営する組織を確立し、樺崎寺にあった義兼入定の地に八幡宮を勧請した。また、明治の神仏分離令以降、樺崎寺の大日如来坐像や五輪塔を守っている光得寺を開くなど、足利での事績も多い。

義氏の子・泰氏《やすうじ》（一二一六～一二七〇）は父とともに幕府に勤仕し、宮内少輔として活躍していた。ところが、一二五一（建長三）年に下総国埴

図11　大岩山の石造層塔

生荘において幕府に無断で出家し、その地を没収されてしまう。出家後は、證阿と号して鎌倉幕府の表舞台から退いた。足利西部の多くの寺院等に泰氏の痕跡が伝えられており、足利定住後、一族の本貫地での振興のために尽力したことがわかる。奈良時代に創建されたと伝えられる山岳寺院・大岩山最勝寺の行基平に立つ石造層塔（県指定文化財、図11）は、一二五八（建長八）年に父義氏の追善供養のために泰氏が建立したもので、紀年銘のある石造層塔としては県内でもっとも古いものである。大岩山中腹に建つ毘沙門堂は、江戸時代中期の一七六二（宝暦十二）年に建立された建物であるが、改修工事にともなって行った発掘調査では、基壇の中から後述する「智光寺」と押印された瓦が出土しており、泰氏の頃にも建物の改修が行われていたことが推測される。また一二六三（弘長三）年には、平安時代以来の古刹で足利荘の西端に位置する鶏足寺に梵鐘（重要文化財）を寄進している。さらに一二六五（文永二）年には、足利の西郊外に智光寺を建立した。

足利市山下町字平石では、古くから「智光寺文永二年三月日」と押印された瓦の出土が知られ、泰氏建立の智光寺が存在したことが推定されていた。一九六四（昭和三十九）年および一九六五（同四十）年には前澤輝政によって栃木県立足利

図12　智光寺阿弥陀堂跡発掘調査状況

商業高校建設に先立つ事前の発掘調査が行われた。ドーヤマと呼ばれる小丘陵を背景にした阿弥陀堂、その前面に園池を置いた、南向きの浄土庭園をもつ寺院である。その後、足利市教育委員会が阿弥陀堂跡の一部を発掘し、基壇建物跡を確認した。（図12）。鎌倉時代の足利において浄土庭園をもつ寺院が存在したことが、発掘調査によって始めて実証されたのである。

図13　大岩山の叶権現

　泰氏が石造層塔を寄進した大岩山には、叶権現と呼ばれる小さな祠があり（図13）、彼が智光寺のあった平石の里からお百度参りをしたところ、願い事が叶えられた社であったと伝えられる。あくまで伝説ではあるが、平石には智光寺の建立以前から鎌倉幕府を引退した泰氏の居館があったことを示すものとも考えられる。源姓足利氏四代がそれぞれ足利につくった浄土庭園をもつ寺院は、智光寺以外は、阿弥陀如来の極楽浄土の方向である西方に堂宇を、その前面に園池を置き東面する伽藍配置をもつ。本寺院だけが南面する伽藍配置であるのは、その前身

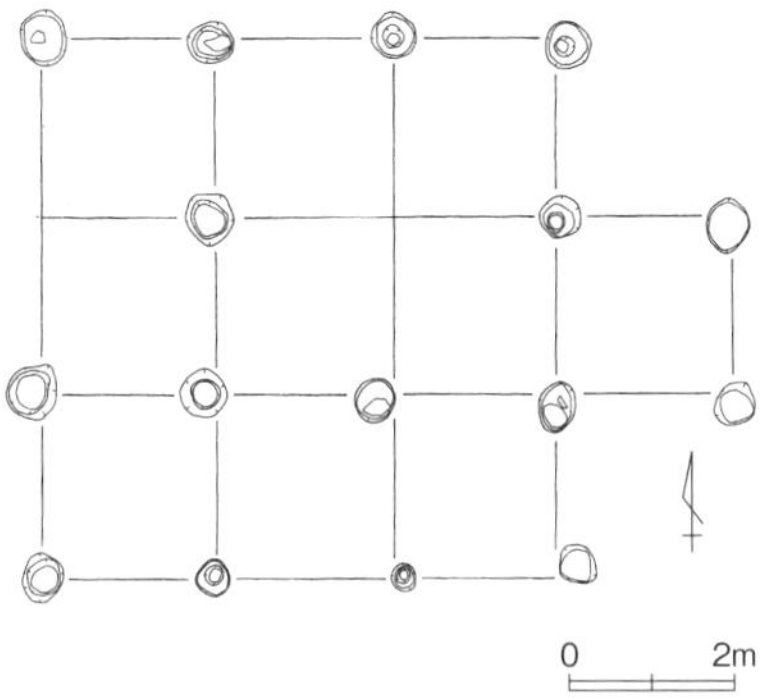

図14　中妻居館跡出土の一間四面堂跡平面図

が泰氏の居館であったためと推定したい。

泰氏の子小俣法印賢宝《けんぽう》は、鶏足寺が所在する足利西端の小俣氏の祖、義顕《よしあき》は、その東に位置する板倉渋川氏の祖となるなど、十三世紀中頃～後半頃にかけて足利の西部地区に源姓足利氏の勢力が拡大し、定着していった。渋川義顕が領有したとされる板倉の地では、県道建設に先立って、二〇〇一（平成十三）年度に中妻居館跡の発掘調査が行われた。その結果、東に向拝をもつ掘立柱建物の一間四面堂が確認され（図14）、齋藤弘によれば、十三世紀中頃に建立された阿弥陀堂建築の系譜を引く在地的な仏堂とされている。齋藤はさらにこのような足利荘西部地区における仏堂建立の動きを、源姓足利氏一族による足利荘西部への土着化と真言宗を広めることによる足利荘統一の動きに連動するものとしている。

泰氏の跡を継いだのは、一二六〇（正元二）年に治部大輔に任ぜられた頼氏《よりうじ》（一二四〇～一二六二？）である。鎌倉幕府では執権北条時頼が専制化を強め、北条氏の勢力はますます強固なものとなっていった。その一方で、足利家は泰氏の無断出家と引退、あるいは義氏の死去などによって幕府内での地位も低下していった。清和源氏の正統を継ぐ足利氏の存在は、北条氏にとっても微妙な

図15　吉祥寺

ものであったと考えられる。

頼氏の没年については、一二六二（弘長二）年、一二八〇（弘安三）年、一二九七（永仁五）年と三説あるが、足利市江川町に所在し、頼氏の菩提寺として知られる吉祥寺の位牌に刻まれた銘である弘長二年の説が有力とされる。

吉祥寺は、西方の山を背景にして東面する寺院で、山麓緩斜面の高いところに建物跡、その前面に園池をもつ伽藍配置をとり、浄土庭園をもつ寺院であったと考えられる（図15）。頼氏の墓は、東面する観音堂の西南奥にある。現在の石塔は新しく建て直されたものであるが、横に置かれた凝灰岩製五輪塔の水輪が古さを物語ってくれる。頼氏の死去を一二六二（弘長二）年のこととすると、吉祥寺の創建は、その父である泰氏が一二六五（文永二）年に建立した智光寺よりも古いこととなる。とすれば、吉祥寺は、頼氏の菩提を弔うため、その父泰氏が建立した寺院であった可能性が高い。足利氏は、義兼以降、義氏、泰氏そして頼氏と四代にわたって本貫の地である足利に浄土庭園をもつ寺院を建立していたのである。

頼氏の跡を継いだ家時《いえとき》（一二六〇？～一二八四？）は、一二六八（文永五）年には高野山の壇《だん》場《じょう》伽藍《がらん》と奥の院とを結ぶ街道沿いに立つ町石を寄進したことが確認され、また、一二八二（弘安五）年には伊予守に任ぜられるなど、十三世紀後半に活躍した。鑁阿寺文書にある「足利家時置

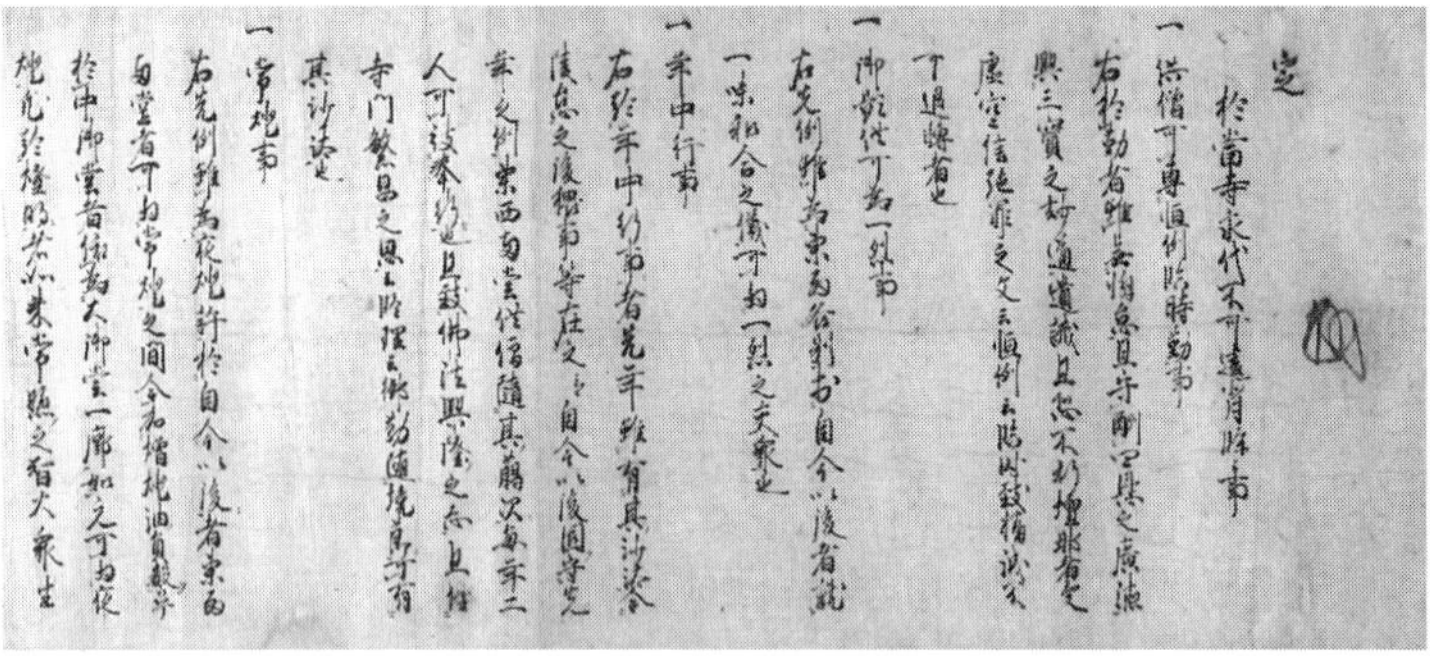

図16　鑁阿寺文書「足利家時置文」

文」は、一二六九(文永六)年に出されたもので、鑁阿寺の運営について寺規を定め、書き記した置文である。諸仏事を滞りなく行い、境内の治安維持を保つ事等七条の遵守事項が記されている(図16)。「縁起」によれば、樺崎寺にて義兼の命日である三月八日に行われていた一切経会は、家時の代の文永年中に始められた。始めは、鎌倉鶴岡八幡宮より舞師や楽人を招き舞楽曼荼羅供養を行っていたが、大がかりで運営も困難となったため、程なくやめることになったという。ここからも文永年中には、すでに泰氏が出家し、頼氏も引退あるいは死去し、家時が足利家の惣領として活躍していたことが確認される。

「難太平記」によれば、家時は、八幡太郎源義家が天下を取ると宣言したちょうど七代目にあたったが、今はそのときではないと判断し、自らの命を縮めて三代の中に天下をとらせ給えと八幡大菩薩に祈って自害したという。その後、足利尊氏は弟の直義とともにこの置文を見て、天下を取ることを決意したとされる。置文の存在はともかくとして、醍醐寺文書の中に、故報国寺殿(足利家時)が終焉のときに書かれた書を拝見したところ感激し、肝に銘じ入ったとする足利直義の文書が伝わっており、足利家には直義の時代まで家時が遺した重要な文書が伝存したことが推測される。家時の墓所は、現在竹の寺として有名な鎌倉の報国寺にある。

家時の跡を継いだ貞氏《さだうじ》（?～一三三一）は、讃岐守として活躍したが、北条氏の得宗権力が強化されるなかで、早くに出家し、足利家の命脈を保った。貞氏は、落雷によって炎上した鑁阿寺大御堂の再建に尽力し、一二九二（正応五）年に手斧初め、一二九九（正安元）年には上棟がなされたが、完成までにはなお時間がかかったことが知られる。祖先である足利義兼が建立した鎌倉浄妙寺にある宝篋印塔（図17）が貞氏の供養塔と伝えられ、法号は浄妙寺殿と称される。また、かつて樺崎寺にあり、現在は光得寺にて大切に保存されている五輪塔のなかに「浄妙寺殿」の陰刻銘が確認できるものがあり（図18）、樺崎寺の足利家歴代廟所にも貞氏の供養塔が建てられていたことがわかる。

6　鑁阿寺と樺崎寺

足利市街地の中心部に位置する史跡足利氏宅跡（鑁阿寺）は、平安時代の終わり頃に造られた源姓足利氏の館跡である（図19）。堀と土塁に囲まれたその大きさは、一辺約二〇〇《メートル》四方と当時の武士の館としては最大級の規模を誇る。

「縁起」によれば、鑁阿寺は、足利氏二代目の義兼が、一一九六（建久七）年に館の一角に持仏堂を建てたことが始まりと伝えられる。一般に持仏堂とは、自らの念持仏を奉安して祖先の功徳を積み、極楽往生を願った堂舎をさす。平安時代の中期以降、京都の貴族を中心として自らの邸宅内に持仏堂を設けることが大いに流行した。持仏堂を設けたはじめての例とされる慶滋保胤《よししげのやすたね》の池亭《ちてい》

図17　浄妙寺の伝足利貞氏供養塔

図18　光得寺五輪塔浄妙寺殿（下図は上図マル部分の拡大）

では、主屋の前面に園池があり、持仏堂は、園池西側の場所に東面して建てられていたとされている。現在の足利氏宅跡は、鑁阿寺という寺院としての伽藍配置になっているため居館としての建物配置はわからないが、持仏堂が西方極楽浄土を祈念する仏堂であったことを考慮すれば、館内の西方に位置していた可能性も考えられる。

義兼の子義氏は、寺院の運営を安定させるため十二口の供僧を設けるとともに、一二三四（天福

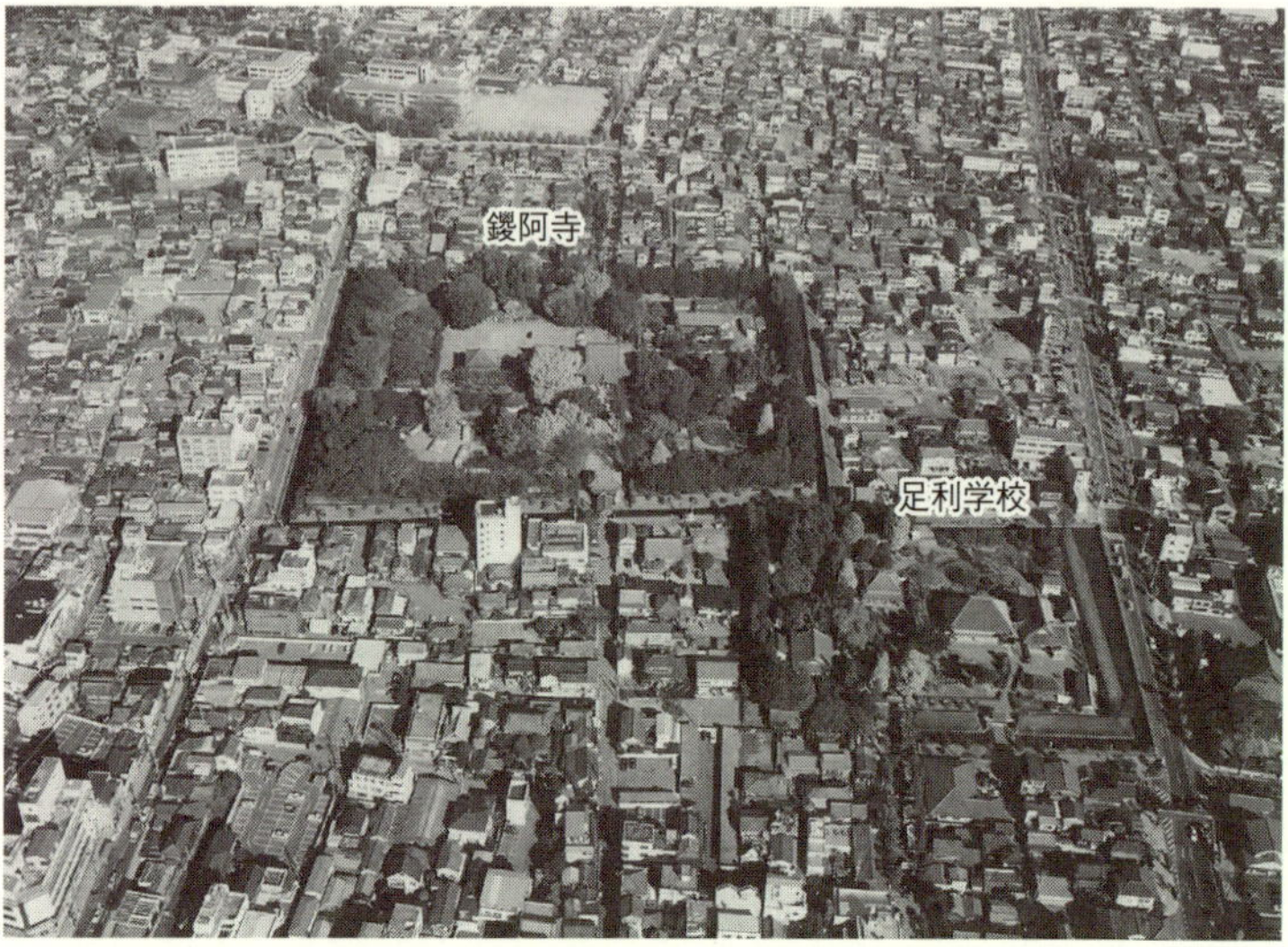

図19　鑁阿寺と足利学校の航空写真

二）年には大御堂（本堂）を建立した。また、足利庄の公文所宛に「堀内御堂」（鑁阿寺）の仏事を怠慢することのないよう戒める文書（鑁七〇、図20）や、寺域内で童部の狼藉や市人往反、牛馬放入などを禁止する文書（鑁七一）を発行している。

鑁阿寺の寺号を使用した文献は、一二五一（建長三）年に義氏の子である足利泰氏が発行した置文に「鑁阿寺供僧中」として登場するのがはじめである。鑁は金剛界、阿は胎蔵界の大日如来を表す梵字の音をとった言葉であり、開基である足利義兼以来、足利氏の大日如来への篤い信仰が寺号にも表現されていることがわかる。鎌倉時代後半の一二九二（正応五）年には家時の子貞氏によって諸堂の修復が開始され、一二九九（正安元）年に大御堂の棟上げが行われた。

このように鎌倉時代の鑁阿寺は、足利氏歴代の

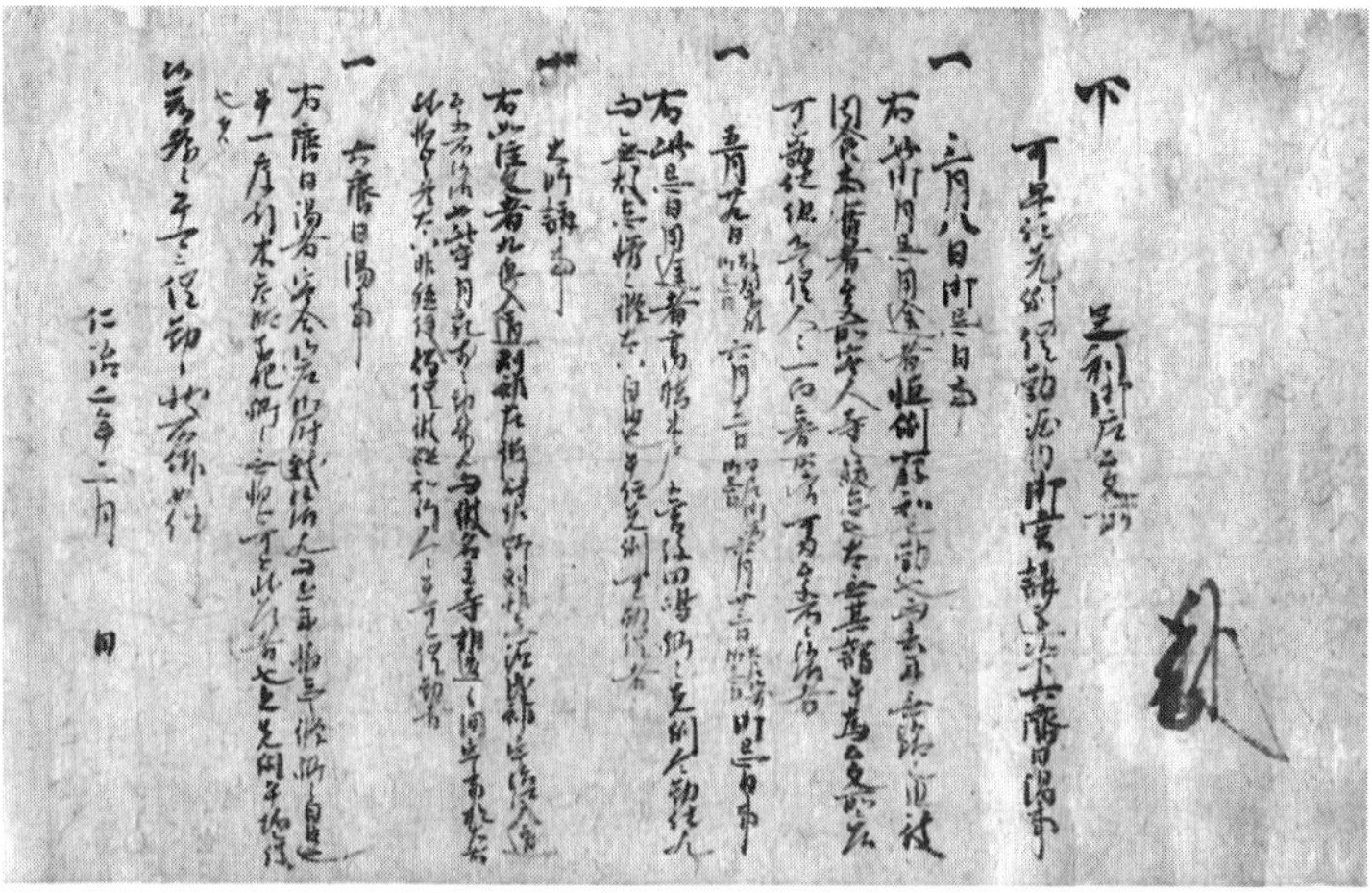

図20　鑁阿寺文書「足利義氏文書」

惣領によって足利氏の氏寺としてしだいに体裁が整えられ、着実に発展していた。

足利氏八代目の足利尊氏が征夷大将軍となって京都の室町に幕府を開き、歴史の檜舞台に踊り出ると、足利の地は、将軍家の父祖伝来の地として篤く保護された。鑁阿寺に遺された元時代の青磁浮牡丹文香炉（重要文化財）は、尊氏が寄進したものとして、また、花鳥文刺繍絨毯（県指定文化財）は、尊氏の陣所に掛けられていた陣幕であったと伝えられている。

尊氏没後においても鑁阿寺は、京都の将軍家はもとより、鎌倉に置かれた鎌倉公方家の手厚い庇護のもと、足利氏の氏寺としてさらに発展していった。伝存する一対の青磁浮牡丹文花瓶（重要文化財）は室町幕府三代将軍足利義満の寄進と伝えられる。室町幕府十五代将軍の坐像（県指定文化財）は、墨書銘によって江戸時代初めに朝運と

図21　足利氏歴代将軍坐像

図22　鑁阿寺経堂

いう仏師が製作したことが知られる（図21）。足利尊氏の菩提寺である京都等持院にある十五代将軍坐像とともに足利氏ゆかりの寺院であることを示す貴重な文化財である。

鑁阿寺は、今日まで大きな火災に遭うことなく保護されてきたことから、鎌倉時代の建造物である大御堂（本堂、重要文化財）と鐘楼（重要文化財）が、さらに室町～戦国時代の建造物である経堂

図23　高野山の町石

（図22、重要文化財）、楼門（県指定）、東西門（県指定）などが遺されており、関東地方では複数の中世建造物を見ることができる唯一の寺院である。

一方の樺崎寺は、足利義兼が入定した後、彼の墳墓がある聖地として、高野山の壇場伽藍に対する奥の院に擬して、鑁阿寺の奥の院として発展する。鑁阿寺と樺崎寺とを結ぶ通路の間には、これも高野山に倣って一町ごとに三十七本の卒塔婆が立てられていたという（図23）。鎌倉幕府の滅亡後の一三三四（元弘四）年に補任された仁木大僧正頼仲のときからは、鎌倉鶴岡社務職と鑁阿寺・樺崎寺別当が兼務となり、鎌倉に常住することとなった。南北朝から室町時代にかけては、鑁阿・樺崎両寺ともに整備が進み、鑁阿寺が足利氏の氏寺、樺崎寺が足利氏の廟所としてそれぞれの機能が明確に分けられていった。

Ⅱ　樺崎寺跡とはどのような寺院か

1　樺崎寺跡研究の歴史

ここでは今日まで樺崎寺跡の調査・研究がどのように進められてきたか、確認したい。

一九二八（昭和三）年に出版された『足利市史』では、「樺崎八幡宮」として紹介されている。ここでは、樺崎寺は法界寺（下御堂）の別名で、大尼、中尼菩提のために建立した寺院とした。その場所としては、樺崎八幡宮の東、樺崎の谷の向かい側、城山山麓の地点（A）、八幡山山麓のかつて五輪塔が並んでいたとされる地点（B、建物1が確認された場所）、樺崎川東南方の水田中にある井戸跡周辺付近（C）、年代不明の板碑が発掘されたという樺崎川東方の御堂山山麓付近（D）の四カ所をあげ、このなかで城山山麓のA地点がもっとも可能性が高いとしている（図24）。知られている事実の考察にもとづき場所を特定したものであり、真摯な姿勢が評価される。

現在地で浄土庭園をもつ寺院であるとされたのは、一九六七（昭和四十二）年の前澤輝政が始めである。この年、前澤によって足利義兼の孫・足

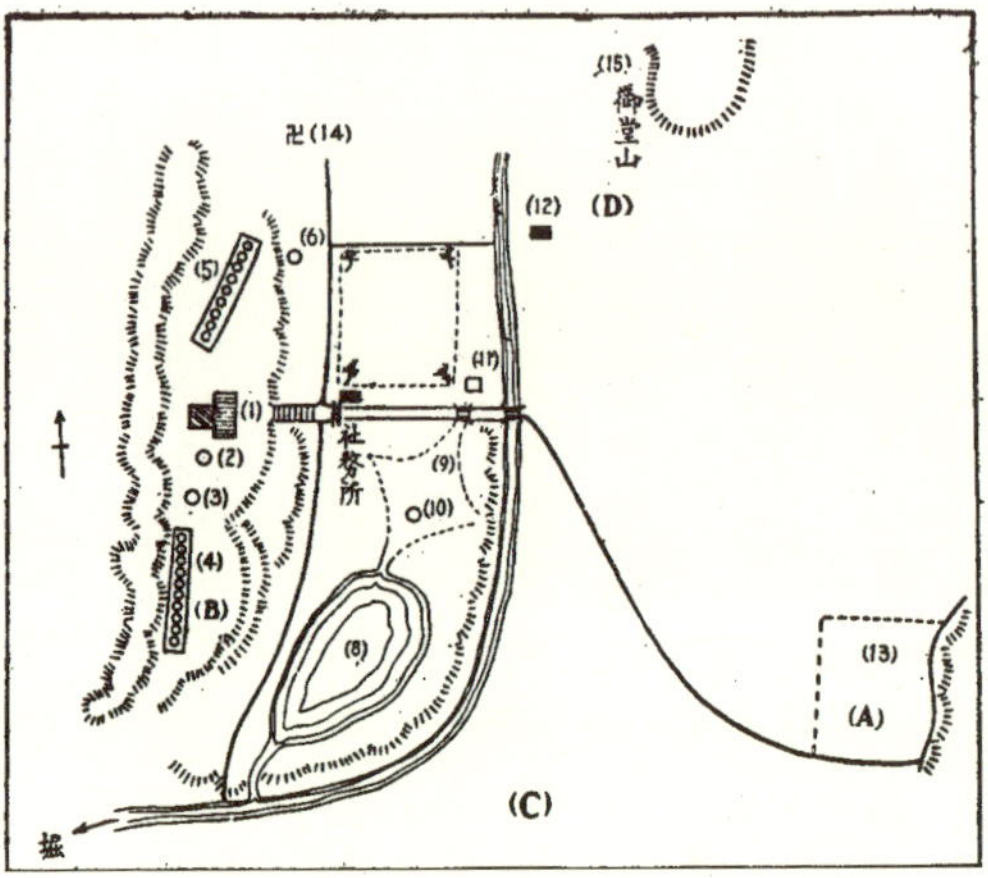

図24　『足利市史』所収樺崎八幡宮周辺図

利泰氏が建立した智光寺跡の発掘調査報告書が刊行された。このなかで前澤は、義兼が建立した法界寺を、現存する八幡池とその北側の水田部分が浄土庭園であり、その西側高台に主要堂塔を配す浄土庭園をもつ寺院であったとした。東国武士における浄土庭園をもつ寺院の類例がほとんど知られていなかった当時としては卓見であり、高く評価される。一九八〇（昭和五十五）年より実施した足利市文化財総合調査では、八幡池周辺の表面採集が行われ、三鈷杵文軒平瓦等が確認されている。全国的にも希少な瓦が葺かれた重要な寺院としての認識がさらに高まった。

足利市教育委員会が足利市遺跡調査団（団長・前澤輝政）に委託し、学術的な調査が開始されたのは一九八三（昭和五十八）年のことである。樺崎八幡宮および八幡池を含む周辺の測量調査を行い、「法界寺跡について」というパンフレットを作成してその重要性をアピールした。翌一九八四（昭和五十九）年から毎年発掘調査が行われ、八幡山山麓の堂塔跡、八幡池北側水田下の園池跡などが次々と発見された。とくに園池跡の調査では、希少な柿経や池中立石などが確認された。ま

図25　森蘊による指導状況

た、園池跡の調査を視察した日本庭園史の森蘊は（図25）、貴重な浄土庭園であり、保存する価値があるものと評価した。

一九八五（昭和六十）年には栃木県立博物館において『足利氏の歴史』展が開かれ、鎌倉から南北朝時代にかけての足利氏に関する資料が一堂に公開された。本展覧会図録は、現在でも足利氏研究に欠かせないものとなっている。菊地卓の指導の下、栃木県立足利女子高等学校歴研部が『樺崎法界寺の研究』をまとめたのもこの頃である。一九八六（昭和六十一）年には焼骨が入った二個体の青白磁四耳壺が発見され、遺跡の重要性はさらに高まった。この年までの調査概要は、担当者であった前澤と調査員の山崎によって報告されている。この頃、樺崎八幡宮の改修工事と法界寺跡の保存推進を目的として地域住民による「足利源氏の里保存会」が設立された。

また、東京国立博物館の山本勉らによって、樺崎寺にゆかりがあり、光得寺が所蔵する厨子入り木造大日如来坐像の詳細な調査が行われた。その結果、鎌倉時代初頭の運慶作品で、学術的に非常に価値の高いものとの評価がなされた。本像については、その後、山本が論文を発表し、重要文化財に指定されている。一九八九（平成元）年には、大澤慶子が、大日如来坐像と同じく樺崎寺にゆかりがあり、現在菅田町岡崎山の地蔵堂に所在する地蔵菩薩坐像（黒地蔵・光得寺蔵）の調査を

図26　樺崎八幡宮本殿と発掘された石段

行い、鎌倉時代前半の優品で、四代住持重弘等身像にあたる可能性が高いことを指摘している。

　一九八七～八八（昭和六十二～六十三）年には、寺域北部の発掘調査で、掘立柱建物跡や井戸跡、大溝跡等を確認し、北辺に東西方向の大溝があり、そこまで寺域が広がることを確認した。また、本殿改修にともなう発掘調査で、旧赤御堂に登る石段を確認している（図26）。樺崎八幡宮本殿の改修工事は、一九八八～八九（昭和六十三～平成元）年にかけて行われ、創建当初の江戸時代前期に近い姿によみがえった。一九八九～九〇（平成元～二）年にかけて園池の内容を確認するための調査が行われ、中島の全容が明らかとなり、その北側から大量の柿経が出土するなどの成果があがった。発掘調査体制としては、一九九〇（平成二）年から教育委員会の直営で調査が行われている。

　この頃、峰岸純夫が文献史学研究の立場から樺崎寺の検討を行った。そのなかで、樺崎寺の創建は一一八九（文治五）年の奥州合戦時にさかのぼり、一一九六（建久七）年とされる鑁阿寺よりも古いことや、樺崎寺諸堂宇の変遷を明らかにした。さらに一九九〇（平成二）年には「樺崎寺覚書」を著し、樺崎寺と法界寺との関係を明確にするなど樺崎寺研究を大きく前進させた。同じ一九九〇年には前澤輝政が第六次発掘調査までの成果と足利の庭園遺構についてまとめて報告している。また、日本庭園史研究者の加藤允彦によって大規模な園池や細長い中島が古代的様相を遺すものと評価された。

一九九一（平成三）年の調査では、樺崎川東側の水田下で鎌倉時代の掘立柱建物跡を確認し、樺崎川の東側にも遺構があることが明らかとなった。この年、今後の発掘調査と国の史跡指定についての指導を受けるため、考古学、文献史学、庭園史等の専門家からなる法界寺跡発掘調査指導委員会（座長・大塚初重、職務代理・峰岸純夫）が設置された（図27）。さらに『法界寺跡発掘調査基本計画書』を作成し、今までの調査成果を簡潔にまとめるとともに、その後の調査の方向性を示した。また、柳田貞夫が『樺崎法界寺に関する一考察』を著し、文献史料からわかる堂塔の変遷、寺院組織、仏事次第、周辺伝承など、詳細な考察を行った。

図27　発掘調査指導委員会の指導状況

一九九二（平成四）年には、園池北側で下御堂（法界寺）と推定される基壇建物跡が確認された。さらに一九九三～九四（平成五～六）年には樺崎川北東・堂山下の水田で建物跡や井戸跡が確認され、寺域東方は明確な区画施設がなく、道路に沿って小堂宇が建てられるような景観であったことが判明した。一九九五～九六（平成七～八）年には建物１・３そして16の精査が行われ、それぞれの建物跡の構造や規模が明らかにされた。

これら発掘調査の成果は、毎年の年報に報告されたが、一九九五（平成七）年に『法界寺跡発掘

図28　小字ダイモン調査地（マルの範囲）

調査概要』が出版され、それまでの成果が一冊にまとめられた。同書には、峰岸純夫が文献史学の立場から発掘調査の意義をまとめている。一九九七（平成九）年には樺崎八幡宮の南約二五〇メートルに位置する小字ダイモンで掘立柱建物跡や井戸跡、水路跡などが発見され、緊急調査が行われた（図28）。さらに一九九八（平成十）年は樺崎川東側寺域の東端をさぐるための調査、一九九九〜二〇〇〇（平成十一〜十二）年には園池西側の洲浜や導水路の詳細調査が行われた。これらの発掘調査成果が高く評価され、二〇〇一（平成十三）年一月二十九日に国史跡として告示された。

　史跡となった二〇〇一年からは、保存整備指導委員会（座長・河野真知郎）の指導のもと保存整備にともなう発掘調査として八幡山山麓斜面の調査、園池の洲浜や導水路、排水路等の詳細を確認するための調査を毎年行っている。一九八四（昭和五十九）年に開始された発掘調査は、二〇〇八（平成二十）年まで継続されて二十五年に及んでいる。発掘調査の進展にともなって、本遺跡に関連する研究も深まりつつある。二〇〇四（平成十六）年には、長太三によって『史跡樺崎寺跡』が発刊された。史跡樺崎寺跡の解明が進み、国史跡に指定され、これから保存整備されていく意義を地域住民の視点からわかりやすく解説したものである。また、日下部高明が国史跡指定の根拠や光得寺の意義について簡潔にまとめている。

二〇〇五（平成十七）年には、大澤伸啓が、「よみがえる中世寺院」として発掘調査の成果を簡潔にわかりやすくまとめた。翌二〇〇六（平成十八）年には、足立佳代が柿経について、二〇〇七（平成十九）年には板橋稔が出土した護摩炉について、また、大澤が四耳壺の埋葬形態についての考察を行った。峰岸純夫も、樺崎寺跡発掘調査の意義や樺崎寺跡覚書等、樺崎寺跡に関連する論考をまとめている。二〇〇八（平成二十）年には、足立佳代が「発掘された下野の中世寺院」として最新の調査成果を報告している。

二〇〇八年には、保存整備第一期完成記念としてシンポシウム『東国中世史の中の樺崎寺跡―足利氏・寺院・庭園』が行われた。伊藤正義の基調講演に続き、樺崎寺跡保存整備指導委員を中心として市内の文化財調査に関わった研究者がそれぞれの専門分野からみた樺崎寺跡の意義について報告し、樺崎寺跡の解明が進められた。シンポジウムは二〇〇九（平成二十一）年にも『日本中世史に足利氏が残したもの』のテーマで行われ、狭川真一の基調講演等が行われた。

今後とも保存整備事業にともなって新たな発見が期待されるが、蓄積された調査成果を今まで以上にさまざまな学問分野、より広い視野から検討し、評価を見直し続けることが必要である。

2　樺崎寺跡の立地と環境

足利は、関東平野の北西端に位置し、北部は足尾山地から伸びる山並みが、南部には平野が広がる。北部の山間地は、中小の河川によって形成されたいく筋もの谷があり、このうちの一つが樺崎の谷である。樺崎寺跡は、足利氏宅跡（鑁阿寺）や足利学校跡がある足利市街地中心部からみて北東の方向、国道二九三号線を県都宇都宮方面へ向かって約五キロ進んだ樺崎の谷に所在する（図29）。

足利義兼はなぜこのような谷あいの地に本寺院を造ったのであろうか。

前述したように「縁起」によれば、足利義兼の素意として、館（現鑁阿寺）を壇場として樺崎を奥の院に擬したとする。高野山における壇場伽藍と奥の院との位置関係をみても、奥の院が北東方向にあり、樺崎寺の位置を決める際にこの方角がまず選定されたものと考えられる。この足利氏館から見て北東方向というのは、鬼門の方向に位置するということでもある。古来より鬼門は、祖先の霊が来る方向とされている。鬼門の方向に一族の菩提を弔う寺院を建立することによって、自らが領有する土地や一族の安泰あるいは繁栄を祈願するために、この方角を選んだのではなかろうか。

「縁起」によれば、足利義兼は、一一八九（文治五）年に行われた奥州藤原氏との戦いへ出発する際に、「桜野」という使者を遣わして伊豆山の僧理真房朗安に本寺院の建立を命じたとされる（図30）。同じように源頼朝は、合戦の出立直前、伊豆山の僧・専光房に命じ、幕府の後山に「観音堂」を造り、戦勝のための祈祷を行わせた。戦勝祈願は、自らの安泰を願うことでもあり、先祖の霊を祀ることによって、その霊力を得てこれから臨む戦いに勝つことを願ったものであろう。

次に、この場所が寺院の建立に適した勝地であったことがあげられる。「樺崎八幡宮縁起」や樺崎八幡宮の祭神をみると、もともとここには地

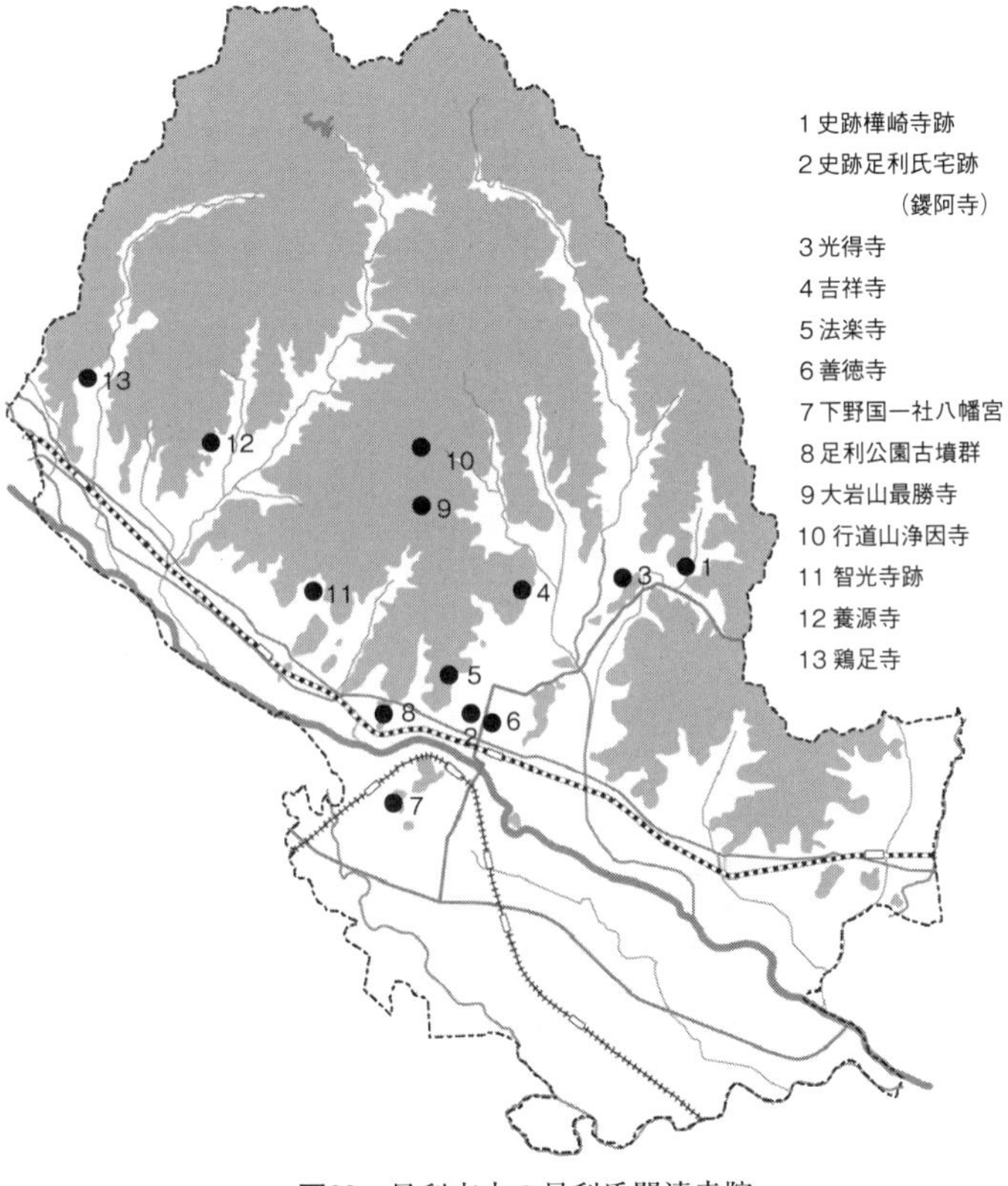

図29　足利市内の足利氏関連寺院

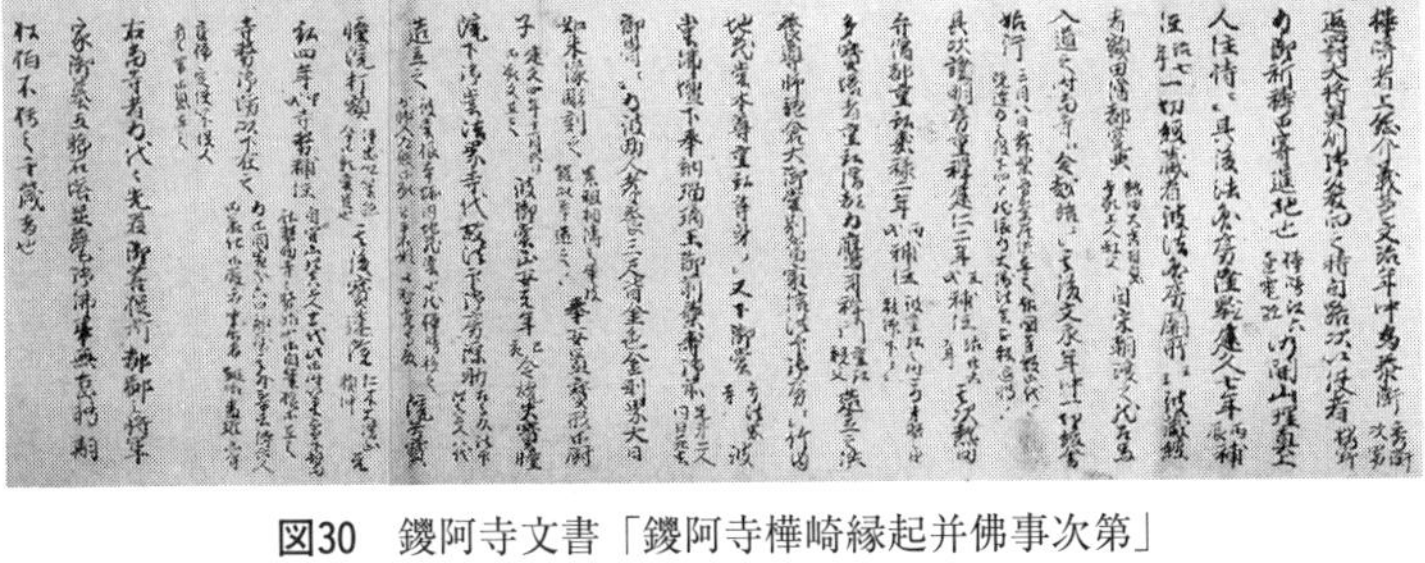

図30　鑁阿寺文書「鑁阿寺樺崎縁起并佛事次第」

主神である「赤土命」が祀られていたものと考えられる。現在でもこの地の岩盤は鉄分を多く含むことから、赤色のチャートであり、古来より赤土の山といわれたことも首肯できる。「縁起」によれば、樺崎には、足利義兼が領有する以前に樺崎江六という領主がいたとされ、義兼が領有する以前から開発が行われていたことがわかる。発掘調査の成果では、樺崎寺建立以前の寺社等に関する遺構は確認されていないが、舶載磁器や瓦のなかに十二世紀中頃までさかのぼるものがあり、樺崎寺跡建立以前にすでになんらかの建物が存在して、勝地として認識されていた可能性もあろう。

さらに、ここが浄土庭園をもつ寺院を建立するために適した地形であったことがあげられる。谷の中央には樺崎川が南北方向に流れ、その西側に広い平場があり、さらに西側に八幡山が迫る。平安時代後期に書かれた庭造りに関する指南書『作庭記』によれば、遣水は「東より南へむかへて西へながすを順流とす」とされており、本寺院の場合、東の樺崎川から取り入れた水を八幡山の麓の方に向かって流せば「順流」とすることができることから、まさに浄土庭園をもつ寺院の建立に適した立地であったことがわかる。このように、谷頭付近に選地し、西にある山を背景にして東面する主要伽藍を建て、その前面に広大な園池を設ける立地は、源頼朝が大倉幕府の北東に造った永福《ようふく》寺《じ》（図94参照）とも類似する。鎌倉時代初頭の武士たちにとって、樺崎寺の立地は、寺院を造営するために最適の場所であった。

最後に樺崎の地は、足利氏館などがある足利の中心部から佐野北西部の赤見方面へとぬける交通の要衝であったことをあげたい。樺崎から赤見へとぬける山越えの主要な峠道は、南東の越床峠と北東の塩坂峠の二つのルートが知られている。こ

図31　出流山満願寺奥院の本尊として信仰を集める鍾乳洞

のうち、南の越床峠を越える道は、現在でも国道二九三号線が通るが、赤見城跡などがある佐野市赤見町の中央部をぬけ、下佐野の中心地である清水城跡方面に向かうことができる。一方、北の塩坂峠を越える道は佐野市赤見町字寺久保に至り、さらに山を越えると木曽義高墓の伝承がある五輪塔が建つ字御所之入をぬけて、上佐野の中心地であった豊城館跡方面へ行くことができる。このルートは、さらに先の羽鶴峠を越えれば坂東三十三札所のうち十七番札所であった出流山満願寺（図31）へ到達する。すなわち、鑁阿寺と樺崎寺とを結ぶ奥の院街道、さらにその先の出流山満願寺とを結ぶいわば「巡礼の道」として機能していたのである。このように樺崎は、足利から佐野北西部の赤見方面へとぬける交通の要衝に位置していた。

　以上のように、足利義兼が樺崎寺を創建するにあたってこの地を選んだのは、高野山の寺院配置を理想として、壇場の館に対してその北東方向に奥の院を選定したこと、さらに北東とは、祖先の霊が来るという鬼門の方角であったこと、樺崎寺の地がそれ以前からすでに勝地として知られていた可能性が高いこと、さらには浄土庭園をもつ寺院を造るのにふさわしい地形であったこと、そして足利と佐野とを結ぶ交通の要衝であったことなどの理由があったものと考えられる。

3　鍐阿寺・樺崎寺の開山・理真房朗安

鍐阿寺と樺崎寺の開山である理真房朗安は、「縁起」によれば、伊豆走湯山《そうとうさん》の僧とされている。伊豆走湯山とは、東京近郊の歴史あるリゾート地として有名な熱海の東方に所在する山で、古来より海へ直接温泉が流れ込んだ場所として知られており、「走り湯」と呼ばれる名勝地となっていた（図32）。熱海は、文字通り温泉が流れ込むことによって海水が熱くなっていることからつけられた名前である。鎌倉時代頃に「走り湯」は、さかんに海に流れこんでいたようで、鎌倉幕府三代将軍の源実朝《さねとも》は、「金塊和歌集」のなかで、熱湯が海へ流れ込む様子を次のような和歌にしている。

わたつ海のなかにむかひて出づる湯の
　いづのお山とむべも言ひけり
伊豆の国や山の南に出づる湯の
　はやくは神のしるしなりけり

このように、特異な自然現象が見られる聖地として古くから知られていた伊豆山であったが、太平洋沿岸を通って都と東国とを往来する際には必ず通らなければならない場所で、いわば水陸ともに東国の玄関口にあたる交通の要衝でもあった。要衝の地であったこと、さらにお湯が斜面を駆け下りて海に流れ込むめずらしい自然現象が見られたことから、霊験あらたかな地として古くから崇拝され、寺社が造られた。平安時代後期になると、伊豆山は東国を代表する寺院として発展していた。さらに伊豆で源頼朝が挙兵してからは、戦いに勝つたびに信仰が深まり、鎌倉幕府成立後には、二所詣と称して箱根権現とともに度々訪れるなど、幕府からも重要視された寺院であった。理真房朗安は、この伊豆山にあった寺院を拠点に活躍した僧侶であった。

一一八八（文治四）年に足利義兼夫人が子（後の義氏）を懐胎したとき、はじめは女子とされていたが、理真房朗安は男子変成の祈祷を成功させて認められ、義兼の護持僧となった。その後、足利氏宅のなかで、後に鑁阿寺へと発展する持仏堂を開き、晩年は大窪村（樺崎）の山麓に草庵を結んで閑居したという。真言宗「血脈類集記」によれば、理真房朗安は、大法師乗印が法を付した十六人の弟子のうちの一人で、次のように記されている。

　朗安　理真房。建久八年二月二十九日受之。
　師六十九、資五十三、無作法。於東国卒

これによれば、理真が師から法を付されたのは、一一九七（建久八）年の二月二十九日のことで、師が六十九歳、自らが五十三歳のときであった。東国にて死亡したとされている。江戸時代に書かれた「鑁阿寺別縁起」によれば、樺崎の大窪にあった「家源寺」が理真上人の閑居の地であったとされる。大窪という小字名は、樺崎寺跡の背景となっている八幡山の西側にあり、そこには宗源寺跡といわれる場所があった。このようなことから「別縁起」にある「家」源寺は、「宗」源寺の誤りであり、理真房朗安の菩提寺は、樺崎の大窪にあったものと考えられる。

理真房朗安の師である乗印は、成密房阿闍梨と

図32　伊豆走湯山絵図

も呼ばれ、一一六六（仁安元）年に大法師寶心より灌頂を授けられている。寶心は、上野阿闍梨と呼ばれ、浄蓮房と号した。上野を冠していることから、上野国となんらかの関連をもっていたものと考えられる。また、『吾妻鏡』によれば鎌倉時代前期に建立された北条義時新法華堂の供養導師を努めたのは、伊豆走湯山の浄蓮房とされており、走湯山に彼の塔頭が設けられていたほど関係が深かったことがわかる。寶心の師は大法師賢覺で理性院と号す。寶心と同じく賢覺より灌頂を受けた兄弟弟子のなかに新義真言宗の開祖・覺鑁がいる。覺鑁は、一一七四（承安四）年に八十三歳で亡くなっている。

樺崎寺二代住持の法圓房隆験は、理真房朗安と同じ乗印の弟子で、先に述べた「血脈類集記」の理真房朗安の続きには次のように書かれている。

隆験　法圓房。同八年三月七日受之。師六十九、資三十八、讃衆六人。理真房弟子

隆験は、理真と同じ年、やや後の三月七日に受法した。隆験が三十八歳のときで、六人の讃衆の前で付法された。隆験は、理真房の弟子である。このように「血脈類集記」からも理真と隆験との師弟関係を知ることができる。「縁起」によれば、樺崎寺にあった一切経蔵は法圓房隆験の廟所であったとされる。

なお、理真房朗安が義氏の男子変成祈祷を行ったのは一一八八年、樺崎寺の住持を法圓房隆験に譲ったのは一一九六（建久七）年のことであり、理真上人が乗印から付法された一一九七（建久八）年以前のことであった。このことから、理真房朗安は、乗印の付法以前から、すでに加持祈祷を行う仏法を会得していたことがわかる。

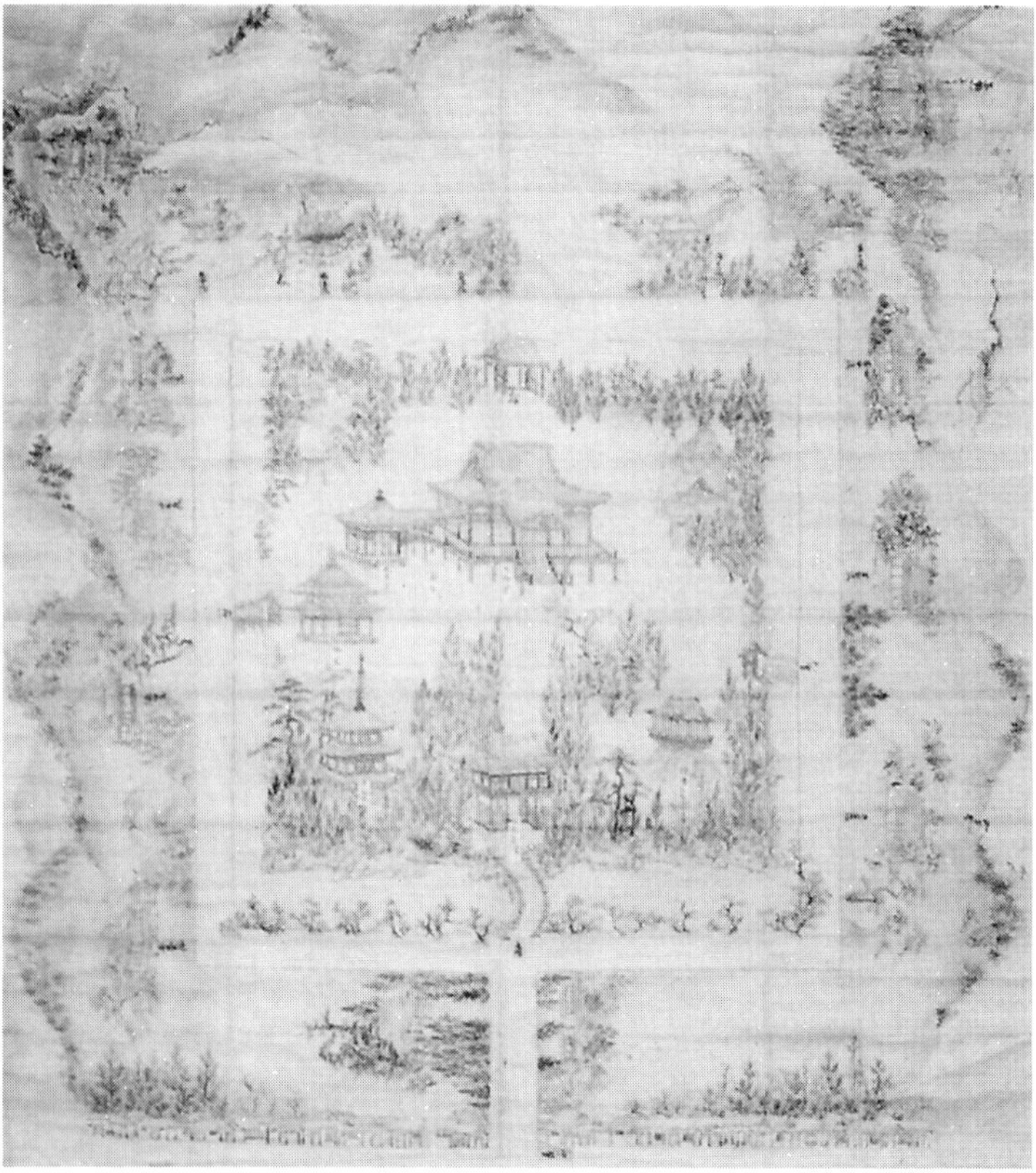

図33　鑁阿寺「一山十二坊図」

4　描かれた樺崎寺

鑁阿寺が所蔵する「一山十二坊図」は、中世の樺崎寺跡がどのような伽藍配置であったのか知ることができる唯一の絵画資料である（図33）。この絵図は、鑁阿寺の周囲に所在し寺院の運営を担っていた十二坊、さらには鑁阿寺の門前町であった通り町、樺崎八幡宮（樺崎寺）など、足利氏宅跡（鑁阿寺）を中心としてそれに関連するさまざまな施設が描かれたもので、現在掛幅装となっている。先述の

図34　「一山十二坊図」に描かれた樺崎寺跡

ように高野山になぞらえて鑁阿寺を壇場として樺崎（寺）は奥の院に見立てられ、鑁阿寺と一体的なものと考えられていたことから、比較的ていねいに記載されたものであろう。実際のところ、樺崎八幡宮（樺崎寺）は、鑁阿寺の北東方向にあり、絵図のなかでも鑁阿寺の右上の部分に、東方から見た姿で詳しく描かれている（図34）。

それでは、この絵図に描かれた樺崎寺跡を確認してみよう。背後にあるのが八幡山で、円錐形の山容が表わされている。山の前には東面する二棟の建物跡が描かれており、「カハサキ八幡宮」と書かれた付箋がつけられている。屋根は桧皮葺と思われ、位置関係は、前の建物が低く、後ろの建物がやや高く描かれる。

八幡山の中腹に描かれた後ろの建物は、入母屋造で正面が三間、奥行きが二間あり、周囲に縁をもつ。その位置から現在樺崎八幡宮が建つ平場を示すと思われ、義兼の廟堂である赤御堂あるいは八幡宮の建物と考えられる。その前面、低いところに位置する建物は、同じように入母屋造り、正面三間、奥行き二間で周囲に縁をもつ。前面には唐破風をもつ向拝がつく。この建物の建つ場所は、八幡宮の東側で園池北側の平場にあたり、後述するように発掘調査で確認された下御堂（法界寺）を表すものと考えられる。

二棟の建物の右側には「地蔵堂」の付箋がつく東西方向で入母屋造り、瓦葺の建物が描かれる。発掘調査で確認された遺構とは合致しないが、この建物は付箋のとおり地蔵堂であろう。

これら建物の左前には園池が描かれる。発掘調査でも確認された北方向から南に伸びる岬、出入りの多い洲浜、池のなかにはハスの葉と思われる植物も描かれている。さらに池尻には、排水路をまたいで太鼓橋が描かれる。五輪塔やその覆屋である足利氏御廟などその当時建てられていたと考えられる建物でも描かれていないものがあり、樺崎寺にあったすべての建物等が描かれているとは限らないが、中世の一時期の樺崎寺を示す貴重な絵画資料である。

もう一枚、江戸時代終わり頃の樺崎寺跡の様子を表す「樺崎八幡宮絵図」がある（図35）。書き写されたのは一九七〇・七一（昭和四十五・四十六）年頃とされるが、明治時代初頭の神仏分離令によって神社だけを残すこととなり、法縁によって菅田町光得寺へ運ばれた五輪塔群が描かれていることから、江戸時代終わり頃に描かれた下絵を書き写し、清書したものと考えられる。

東方から樺崎川にかかる橋を渡った後、赤い鳥居をくぐり、鶴池へと注ぐ水路をまたぐ屋根付きの太鼓橋を渡る。参道の両側や園池の周囲は杉によって覆われている。八幡山の中腹に描かれた樺

図35　「樺崎八幡宮絵図」

崎八幡宮は、本殿に幣殿と拝殿がとりつき、回廊で囲われた姿はほぼ現在と同じである。八幡山の中腹を本殿とほぼ同じ高さで左手方向に行くと「義氏碑」の注記があり、山崖を削った平場に五輪塔が一基描かれている。この場所は、発掘調査によって一間（三メートル）四方の礎石建物跡が確認された供養塔覆屋跡であろう。さらにその左手には、より広い平場があり、線で囲われたなかに一〇基の五輪塔が描かれる。この場所が一〇基の五輪塔が入った覆屋が確認された足利氏御廟の場所であろう。五輪塔のまわりの線は、石積基壇の外線を示したものと考えられる。

一方、八幡宮本殿の右手方向をみると、現在足利市指定天然記念物になっている大杉が立ち、さらにその横に数基の五輪塔が描かれる。ここに描かれた五輪塔は、『足利市史』によれば、高氏や南氏に関連したものとされる。八幡宮前の平場には、水田があり、そのまわりを水路がめぐって描かれ、建物はない。わずかに山裾などに地蔵堂と注記された建物などがあるが、下御堂などの建物は残されていない。

本絵図は、昭和時代の転写本とはいえ、江戸時代末期~明治時代初期の樺崎寺跡の様相を確認できる資料として貴重である。

Ⅲ　発掘調査で明らかになった樺崎寺跡

南北に長い樺崎の谷の中央部には、樺崎川が北から南に向かって流れている。この川は、発掘調査の結果、中世以来ほぼ同じ場所を流れていたことが確認されている。調査によって確認された遺構群は、この樺崎川を境として、東側のものと西側のものとに大きく分けられる。

さらに、樺崎川西側の区域は、園池を中心として建物跡が造られており、園池北側建物群のすぐ北にある東西方向の小溝によって南と北に区画できる。そのうち小溝の南側は寺院の中核をなす儀礼空間で、主要堂塔や園池が置かれていた。これらの遺構群を立地の違いから、現存する樺崎八幡宮などがある八幡山山麓高台の堂塔跡、園池北側平場の堂塔跡、そして園池の三つに分ける。一方、小溝の北側は、十四世紀後半以降に作られた掘立柱建物跡等がある区域で、僧坊などの生活空間であったと考えられる。

樺崎川東側の区域は、南側が十四世紀中葉までの掘立柱建物跡や石敷などの遺構がある区域、北側が礎石建物跡や掘立柱建物跡等の遺構がある区域で、ともに僧坊などの生活空間であったと考えられる（図36）。

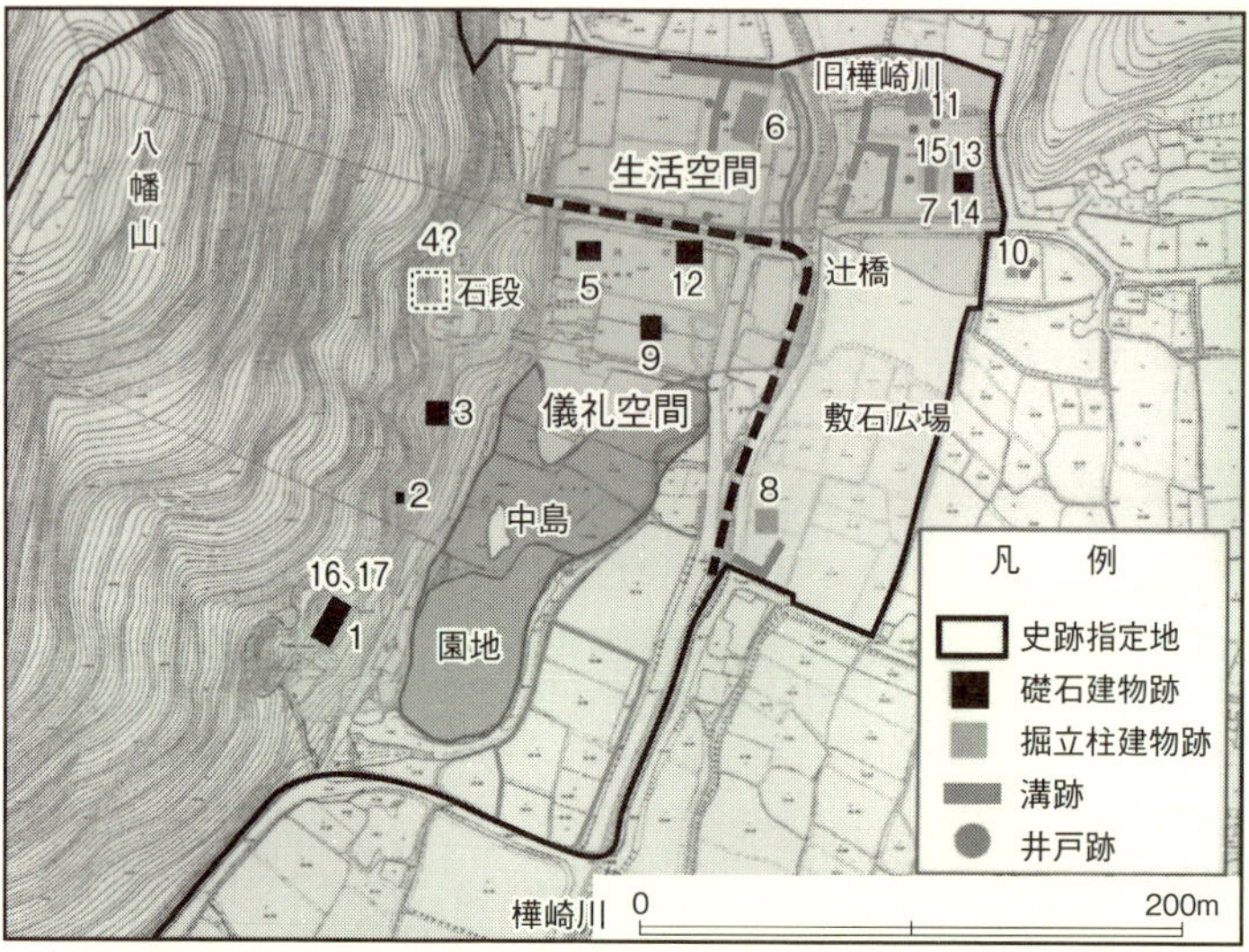

図36　史跡樺崎寺跡遺構配置図（図中の数字は報告書の建物番号）

以下、各地点ごとに確認された遺構と推定されるその性格について記していこう。

1　樺崎川西側の遺構

（一）八幡山山麓高台の堂塔跡

赤御堂跡（推定）　報告書で建物4とされる建物跡である。

樺崎寺跡は、東面する寺院で、建物群の背景として西にそびえる山が八幡山である。この八幡山の東山麓には、現存する樺崎八幡宮の場所を含めて、岩盤を削って平らな場所を造成し、建物を建てた平場が四カ所ある。樺崎八幡宮の参道をまっすぐ西へ進み、階段を上るとまず見える建物が樺崎八幡宮の拝殿である。拝殿は、一九八八（昭和六十三）年および一九八九（平成元）年に行われた本殿改修工事の際に幣殿とともに建て替えられたもので、近年の建物である。拝殿のすぐ北側には高さ約四〇メートル、樹齢四〇〇年以上と推定される大杉（市指定文化財）がある（図37）。幣・拝殿の奥にある本殿（市指定文化財）は、江戸時代前期の建物である。

図37　樺崎八幡宮のスギ

「樺崎八幡宮縁起」によれば、足利義兼が入定した地にその子・義氏が八幡を建てたのが始まりとされる。それを裏づけるかのように現在でも八幡宮本殿の床下には「足利義兼公御廟」と書かれた木柱が立っており、地域の人たちによって大切に保護されている（図9）。本殿の改修工事にともなって周囲を発掘調査したときも、地元の人びとからここには触れないでほしいとの要望があり、発掘調査は実施していない。この地は現在でも義兼公の御霊が眠る聖地として崇拝され、地域の人びとの中に、信仰が息づいているのである。

「縁起」や「別縁起」によれば、晩年の足利義兼は、八幡山山麓に小庵を設け、そこで、大日如来像を前にして毎日供養を怠らなかったという。彼の死後、念仏を唱えた堂は朱丹で塗られ、彼の廟となり赤御堂と呼ばれたという。この伝承では赤御堂と八幡宮との位置関係がわかりにくいが、総合して考えると、義兼が入定した地の上に建てられたのが樺崎八幡宮であり、その横に建てられ

図38　発掘された石段

た義兼が念仏三昧の日々を送った堂が赤御堂と呼ばれたものと考えられる。二つの建物は、現樺崎八幡宮の建つ平場付近に併存していた可能性が高い。

　このようなことから、本殿改修にともなう事前の発掘調査で幣・拝殿の基壇の下を調査したところ、拝殿と大杉との間から東向きの傾斜面を昇り降りするための石段が発見された（図38）。傾斜角約三五度で幅約二メートル、各段の奥行は三〇センチ、高さ約一五センチである。長さ三〇〜四〇センチ大のチャートの割石を五個程並べており、五段残存することが確認されたが、傾斜面が続くことから、さらに下に伸びていたものと考えられる。

　この発見によって現在樺崎八幡宮が建つ平場は、近世に樺崎八幡宮本殿を建立した際に広げられたもので、中世においては今よりも奥行きのない狭い空間であったことが明らかとなった。この平場にもトレンチを入れて建物遺構の調査を行ったが、削平されてしまったためか、確認できなかった。

報告書で建物3とされる礎石建物跡である。

多宝塔跡（推定）

樺崎八幡宮（赤御堂跡）から八幡山の中腹にある山道を南に約三〇メートル程進むと、八幡山東麓の山崖を削って造成した約一二メートル×一二メートルの平場がある。調査が行われる以前は、厚く土砂が堆積し、杉やヒノキの大木が生えていたが、発掘調査によって基壇をもつ礎石建物跡が確認された。基壇の上にある主柱の礎石は八石が遺り、さらに礎石が抜き取られた痕跡から、東西五・七メートル、南北五・七メートルで中央間を二・一メートルとする三間四方の堂であることが判明した。基壇の大きさは、東西、南北ともに約八メートルで、基壇上面から約四〇センチ下がった北、西、南側からは縁の礎石が確認され、建物の四周に幅約一・五メートルの縁がまわっていたことが明らかになった（図39）。

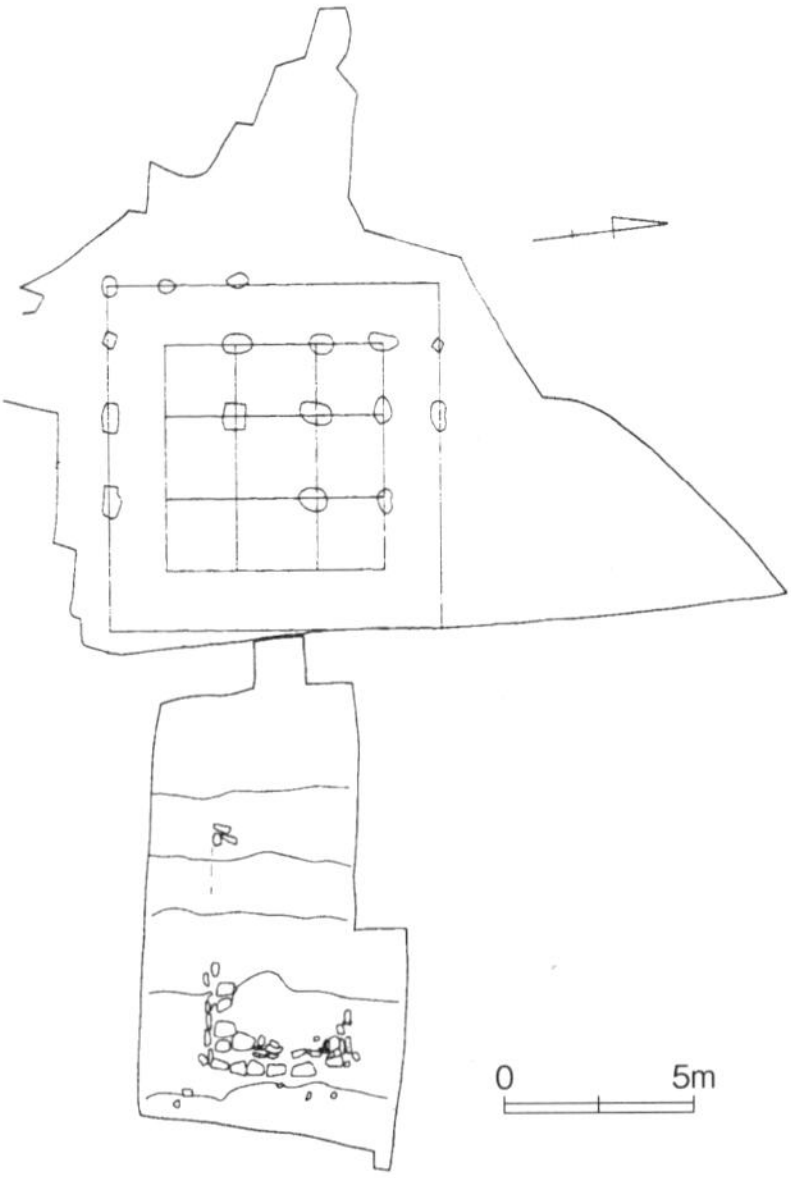

図39　多宝塔跡推定およびその石段平面図

　基壇周囲からの出土遺物としては、大量の瓦の他、瓦を屋根に止めるための鉄釘や建物内部を荘厳《しょうごん》した金銅製の鋲金具等が出土している。また、一片ではあるが、中国の同安窯で製作された青磁片が出土し、鎌倉時代初頭に建立された建物

図40　桐紋が線刻された瓦

跡と考えられる。

基壇周囲から出土した大量の瓦は、細かく割られて建物の周囲に敷きならされたもので、建物の崩壊によって瓦が転落した状況ではない。

このことから、建物は基壇や礎石の基礎部分はそのままで、上屋だけの建て替えが行われ、最後の建物は瓦葺ではなかったものと考えられる。瓦は、平瓦、丸瓦、軒平瓦、軒丸瓦のほか鬼瓦、隅切瓦、雁振瓦があり、宝形造あるいは、寄棟造の建物であったことが想定される。また、Ⅲ期の瓦（瓦の編年についてはⅣ章で詳述）の特徴である肉彫りの唐草文軒平瓦を使用していること、足利家が尊氏の時代に後醍醐天皇から拝領されたという桐の文様を線刻した瓦があることから（図40）、瓦葺になった年代は十四世紀中頃と考えられる。少数であるがⅣ期の瓦もあり、この時期に補修が行われたことが推定される。東斜面からは、鉄製風鐸や風招の破片が出土したことから、軒先の四隅には、風鐸が下げられていたこともわかる。

『足利市史』によれば、この場所は五重塔跡とされるが、「縁起」のなかで塔とすれば、多宝塔のことが記されている。亀腹基壇をもち、平面の形が方形で、四周に縁がまわる遺構の構造は、多宝塔と考えても矛盾はない。多宝塔は、四代住持であった熱田弁僧都重弘が嘉禄年中（一二二五～一二二八）に叔父の鷹司禅門の菩提を弔うために建立したものとされる。したがって瓦の年代とは時期が合わないことから、この建物は、はじめは桧皮葺等であって瓦葺ではなかったが、足利氏が室町幕府をたてた十四世紀中頃には瓦葺に建て替えられ、さらにその後転落した瓦を周囲に敷きならして、ふたたび桧皮葺等に戻され、建て直されたものと考えられる。このようなことから、多宝塔（推定）は、焼失の痕跡こそないが、少なくとも桧皮葺等―瓦葺―桧皮葺等と三時期の変遷があったものと推定される。

図41　発掘された石段

　この多宝塔跡（推定）と園池との間の斜面は、石段で結ばれていた（図41）。石段は、下のほうの五段程度しか残っていなかったが、チャートの割石を平らにならべたもので、幅は約三・七メートルと広く、南北の両脇には三〇～四〇センチほどの石を立て並べて側石としている。赤御堂跡（推定）前面の石段と比較すると、幅が広く側石をもつことなど、より質の高い造りをしている。このように、八幡山山麓に建てられた建物とその東側斜面下の園池との間は、それぞれに石段がつけられていたことが確認された。

供養塔覆屋跡　報告書で建物2とされる礎石建物跡である。

　多宝塔跡（推定）からさらに約三〇メートル南に行った場所に、八幡山東麓の山崖を削って造成した約四・五メートル四方の平場がある。岩盤を削った面から

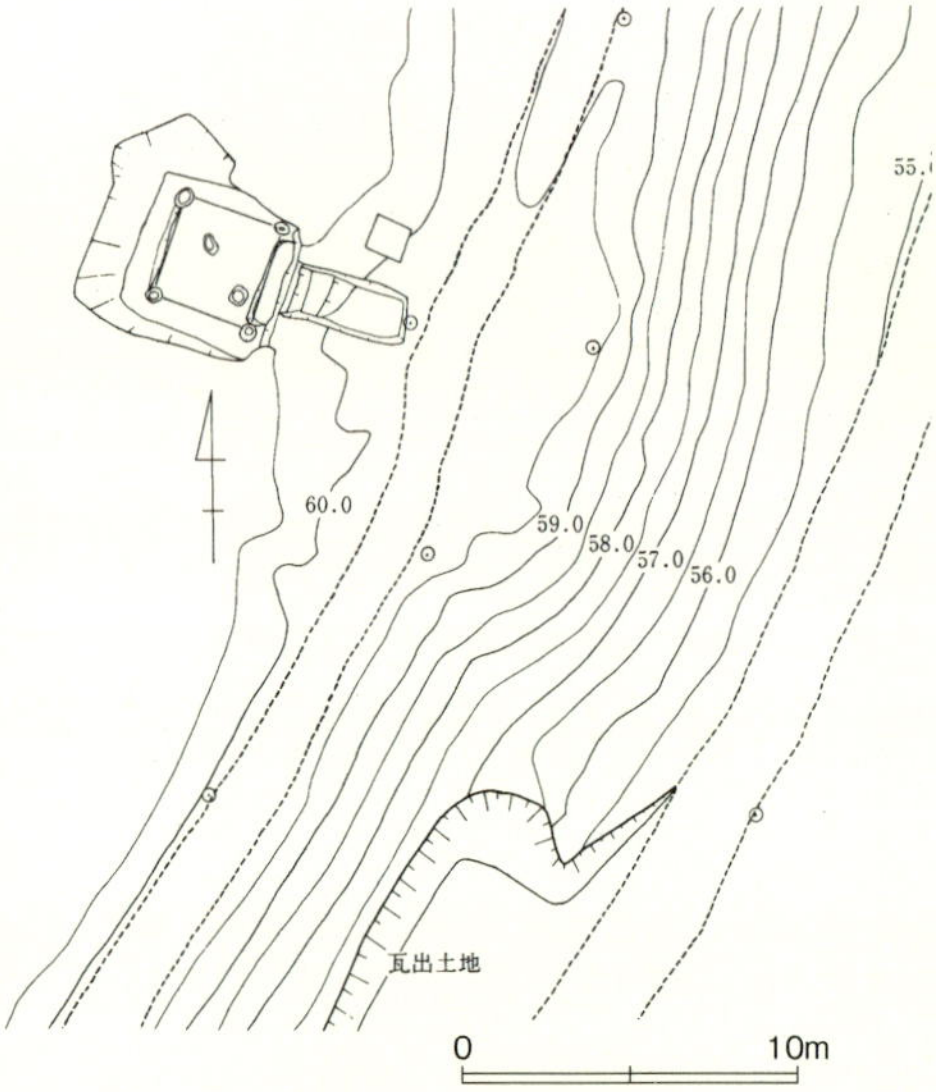

図42　建物２平面図

礎石を置いた浅い皿状のくぼみ穴が確認され、約三《メートル》四方で一間×一間の礎石建物があったものと考えられる（図42）。東側の園池とを結ぶ斜面では、削平されてしまったためか石段は確認できなかった。周囲から瓦の出土は少なく、瓦葺であった可能性は低いが、屋根の頂端部に置いた瓦製露盤片が周辺より出土したことから、中央に屋根がまとまる宝形造りの建物であったことが推定される。

『足利市史』では、義兼供養塔跡とされているが、「樺崎八幡宮絵図」によれば、この場所に五輪塔が描かれ、その横に「義氏碑」と書かれていることから、義兼の子である足利義氏の供養塔であった五輪塔が置かれ、その上に宝形造りの屋根をもつ覆屋が建てられていたものと考えられる。

足利氏御廟跡（推定）

報告書で建物１・建物16・建物17とされる建物跡である。

八幡山東麓の山崖を削平して造成したもっとも南でもっとも大きな平場では、周囲にチャートの割石を積んだ縁石をもつ基壇建物跡（建物１）が確認されている。基壇の大きさは、南北約二〇・二《メートル》、東西約六・三《メートル》、高さ約〇・六《メートル》で、南北

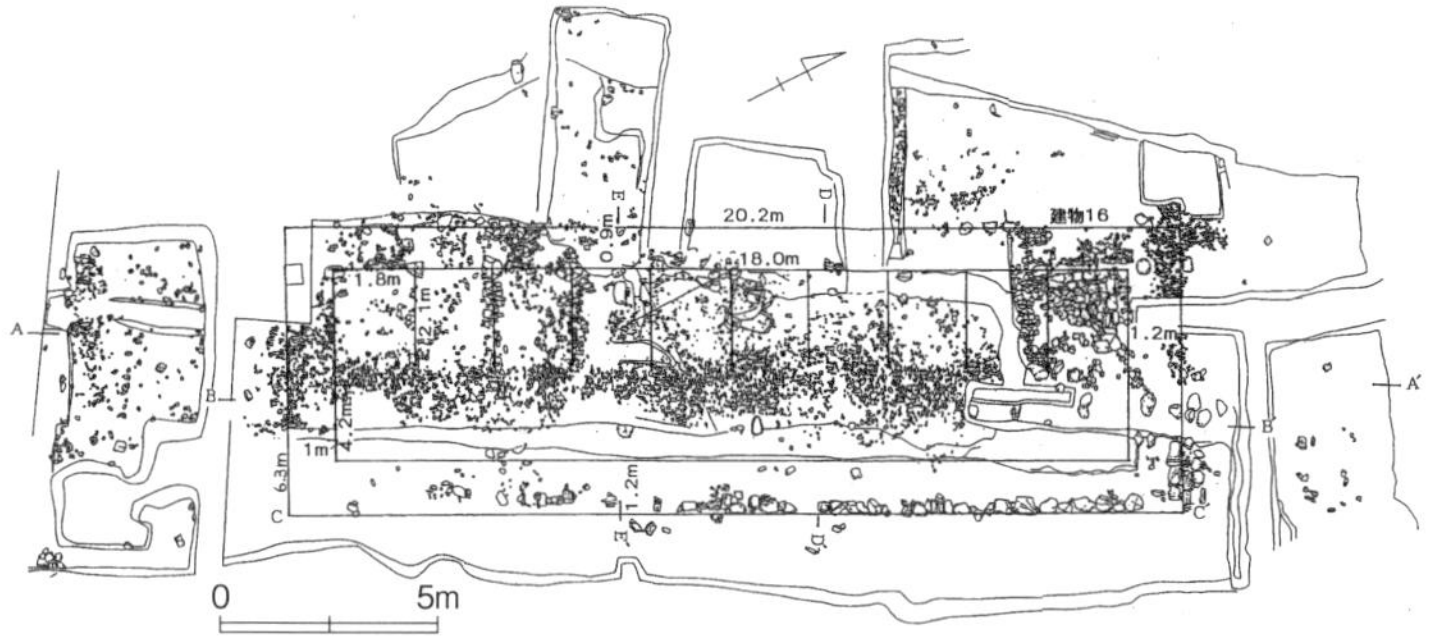

図43　建物1平面図

に細長い建物跡である。上面は削平された部分もあるが、六個の礎石が原位置で確認され、南北は一八メートル（一・八メートルの等間隔で一〇間）、東西四・二メートル（二・一メートルの等間隔で二間）の建物跡と考えられる（図43）。基壇の表面は、西側の五輪塔が置かれていたと推定される部屋を除き、玉石が敷き詰められていた（図44）。江戸時代終わり頃の姿を伝える「樺崎八幡宮絵図」によれば、この場所は基壇を表すと思われる線に囲まれた中に一〇基の五輪塔が描かれており、発掘調査で確認されたこの建物跡こそ、五輪塔が入れられていた覆屋であったものと考えられる。

周囲からⅣ期を中心とする大量の瓦が出土した。そのなかには、応永二十（一四一三）年の銘のものがあり、この年に建物が建て替えられたことが確認できる。この八年後の応永二十八年には、樺崎法界寺道場を舞台にして鎌倉公方足利持氏によって父満兼の十三回忌供養が行われており、それにむけて行われた御廟整備であったと考えられる。それ以後に追加された瓦はなく、さらに東側や基壇上から完形に近い瓦が多く出土することから、覆屋は、その後崩壊したものと考えられる。基壇の内部からは、Ⅰ～Ⅲ期の瓦が出土し、各期にわたって建物が造りかえられていった

図44　建物１発掘調査状況

ことがわかる。

　同じ基壇上では、中央付近に一間（約三メートル）四方の礎石建物跡があり、建物１の整備による玉石敷が上を覆っていたことから、建物１以前の礎石建物跡（建物17）と考えられる。また、建物１基壇北部の下層からは、東西推定五メートル、南北約五メートルの礎石建物跡（建物16）が確認され、三メートル四方の母屋の周囲に一メートル幅の縁がまわる建物と考えられる（図45）。この建物は、中央やや西よりに一・八メートルで正方形の石組遺構が確認され、蔵骨器等が埋納されていた遺構の可能性が高い。周囲からは、Ⅰ期の三巴文軒丸瓦、三鈷杵文軒平瓦が多く出土することから、十三世紀初頭に建てられた瓦葺建物であったと考えられる。

　この平場からの出土遺物としては、古瀬戸四耳壺や青白磁梅瓶、瓦製壺、板碑、かわらけ等があり、もともと埋葬にともなう遺構があったものと

図45　建物16発掘調査状況

考えられる。四耳壺は、十三世紀初頭に瀬戸で焼かれたもので、新しい陶器製の壺に焼骨を入れ、そのまわりに破片となって出土した。昭和の初期にこの場所で土取りが行われた際にこのような改葬が行われたものと伝えられる。入れられていた焼骨は、鑑定の結果、成人男性のものであることが確認されている。十三世紀初頭にこの場所で、男性の焼骨を入れた壺を埋納する行為が行われていたのである。また、青白磁梅瓶や在地産の瓦質壺の出土から、十四世紀代まで継続的に埋納が行われていた可能性が高い。

ここにあった足利氏歴代の惣領に見立てた五輪塔は、明治初頭の神仏分離令によって移動を余儀なくされ、樺崎寺跡の南西約二キロに所在する菅田町光得寺において今日まで大切に保管されてきた。池上悟の分析によれば、「形態変化を明示する火輪と地輪において凝灰岩製の部材では大きく二区分が可能であり、これらが十四世紀の中葉と後半代、次いで小形化して安山岩製のものの採用という変遷が見てとれよう」としており、大形のものの年代観を十四世紀中葉と後半のものとしている。建物跡との関係を考察すれば、一間（三メートル）四方の礎石をもつ建物跡（建物17）が建てられた頃にあたるものと見られる。

以上、足利氏御廟跡と考えられるこの平場での建物跡の変遷をもう一度確認したい。はじめに建てられたのは建物16で、十二世紀末〜十三世紀初頭頃のことである。建物の中央須弥壇下には石組遺構があり、蔵骨器として古瀬戸四耳壺等が埋納された。次いで十三世紀後半には、石造層塔が造立される。遺構としては確認されていないが、おそらく層塔の上には覆屋も建てられていたであろう。その後、十四世紀中頃から足利氏歴代の惣領それぞれを供養する塔としての五輪塔が造られ、その上には覆屋となる建物も建てられる（建物17等）。さらに十四世紀代から十五世紀初頭にかけて五輪塔が追加して建てられる。一四一三（応永二十）年には五輪塔一〇基を一列に並べ、それを覆う礎石と基壇をもつ建物が建築され、足利氏御廟として一体の建物に整えられた。「縁起」のなかには、「右爲代々先君御菩提所、都鄙将軍家御墓、五輪石塔並甍」（右は、代々先君の御菩提所となし、都や田舎の将軍家の墓である五輪塔が並んで置かれている）と記載されている。ここに記された光景こそ、応永二十年に整備が行われた足利氏御廟の姿を具体的に表したものであろう。

(二) 園池北側平場の堂塔跡

現在樺崎八幡宮が建つ赤御堂跡（推定）の東側、園池のすぐ北側に東西約七〇メートル、南北約六〇メートルの平坦地が広がる。発掘調査の結果、軸方向を

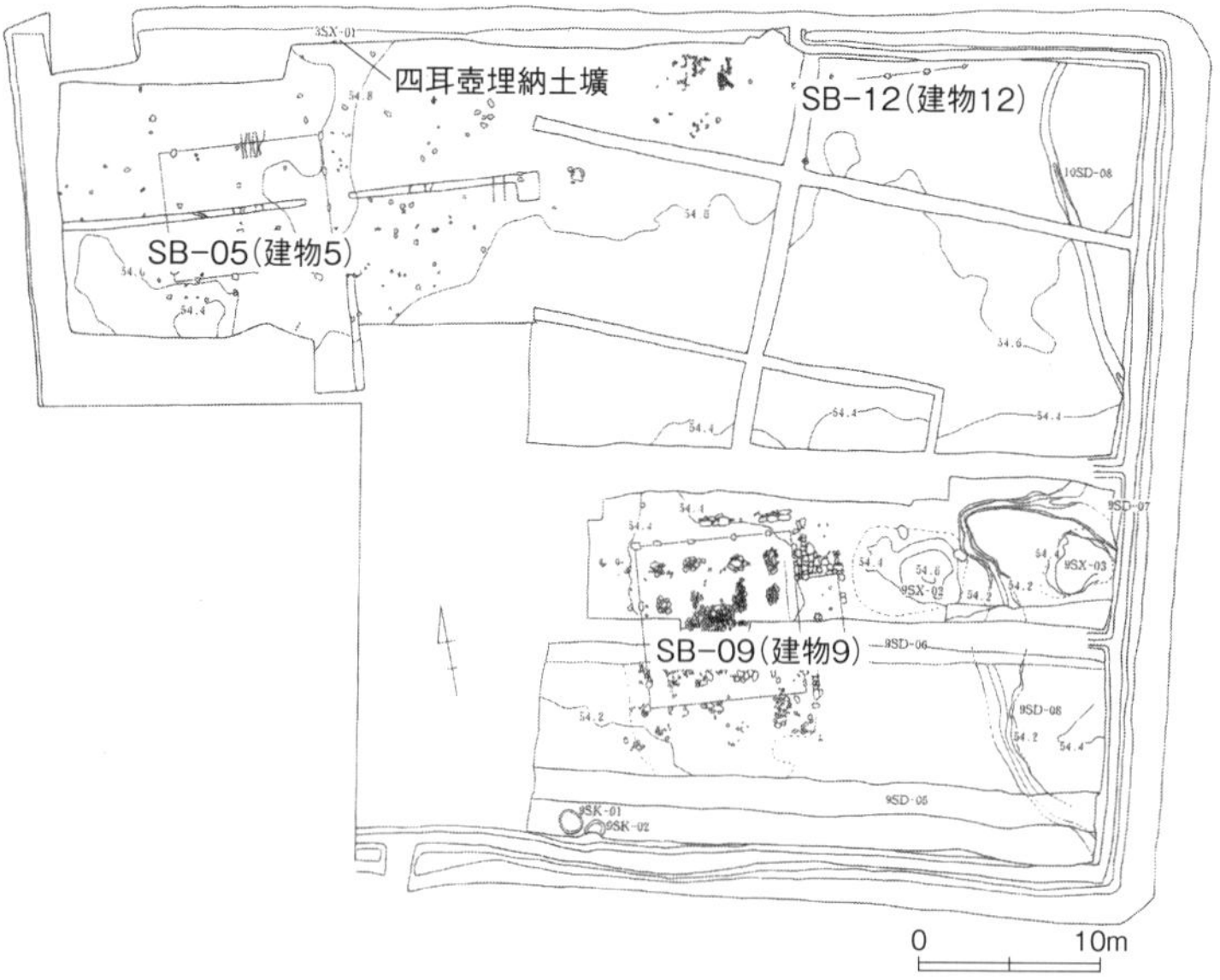

図46　園池北側平場の堂塔跡平面図

同じくする三棟の礎石建物跡が確認され、文献や絵図資料等との比較検討の結果、下御堂（法界寺）跡（建物9）、地蔵堂跡（建物5）、経堂跡？（建物12）にあたるものと考えられている（図46）。また、建物9の東側から遺水跡など園池に関連する遺構も確認されている。

地蔵堂跡（推定）

報告書では建物5とされ、平場の北西、山裾近くにあり、南北三間（約六・九メートル）東西約九メートルと東西に長い礎石建物跡である。礎石は〇・三〜〇・五メートル程と小さく、石材もチャートや河原石等が混在し統一されていない。主柱の礎石としては小さいことから、縁等の礎石である可能性もある。上部の削平が著しく建物の構造は明確ではないが、礎石のなかには焼けているものがあり、この建物は焼失したものと推定される。

下御堂（法界寺）跡（推定）　報告書では建物9とされ、現参道のすぐ北側に位置し、亀腹基壇をもつ礎石建物跡である。中央付近は東西方向に伸びる近世の溝によって壊され、その南側は削平が著しく遺構の残存状況はよくないが、北側は、比較的よく遺されていた。

主柱の礎石はすべて抜き取られて一つもなかったが、直径約一メートルの範囲に石を置いた根固めが確認され、礎石の位置を知ることができた（図47）。その規模は母屋が桁行、梁行ともに三間で六・二メートル（一・九＋二・四＋一・九）、四周に幅三尺（約一・二メートル）の縁がまわり、さらに東側に向拝をもつ。縁の礎石は〇・四〜〇・五メートル程のチャートの割石を使用し、北縁から東縁にかけて縁石およびそれを利用した石組の雨落溝が確認されている（図48）。また、縁石と主柱との間から上面を削られた亀腹基壇の立ち上がりが確認された。基壇の表面は赤く焼けており、この建物は焼失したことがわかる。さらに基壇築成土中にも焼土があり、この前身の建物も焼失したものと考えられる。つまり、発掘調査で確認された遺構の状況から、建物9は二度の火災に遭ったことが確認された。

基壇の周囲から出土した遺物は多くはないが、舶載・国産陶磁器、瓦、かわらけなどがある。国産陶磁器には、渥美甕の口縁部片や十二世紀末頃の常滑甕の口縁部片などがあり、この平坦地には十二世紀末、つまり創建期の堂宇の存在が想定される。さらに注目される遺物が、護摩壇の炉とそのまわりを装飾していた炉縁である。炉は赤く焼け、複数回の使用が想定できる。瓦製の炉縁には、三鈷杵の文様が線刻されている。現代の寺院で使用している護摩炉でも同じように縁に三鈷杵の文様が打ち出されている。伝統は続いているのである。こうした遺物から、この建物では護摩を焚く祈祷が行われていたことが明らかになった。

この護摩壇が置かれていたと考えられる場所が、中央の四天柱に囲まれた空間である。もちろんここには仏像も置かれ、そのための須弥壇もあったと推定される。この建物で特殊な点が、中央四天柱に囲まれた須弥壇および護摩壇の下から

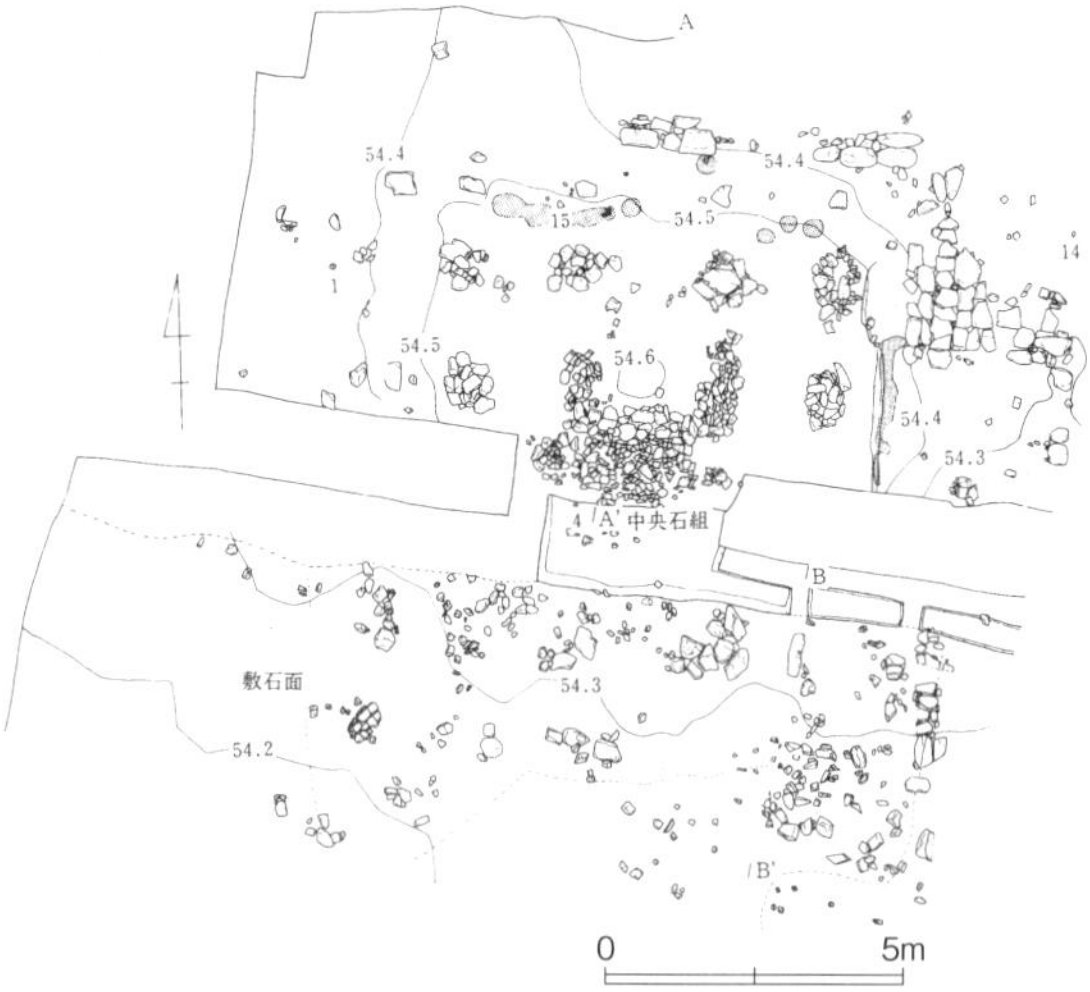

図47　建物 9 平面図

図48　建物 9 発掘状況

図49　石組遺構の断面

確認された石組遺構の存在である（図49）。近世の溝によって半分以上が失われているが、地山を掘り込んだ土壙状の遺構の内部に多くの石を詰め、表面に石を貼ったものであり、土壙内に何かを埋納したものと想定される。

「縁起」によれば、下御堂は法界寺ともいい、その仏壇の下には瑠璃王御前・薬寿御前という同じ日に死亡した兄弟二人の遺骨が埋納されていた。この二人の孝養を願って先祖伝来の犀の皮でできた鎧を売った費用をもって製作した宝形の厨子に入った三尺皆金色の金剛界大日如来坐像が安置された。この厨子には建久四（一一九三）年十一月六日の願文があったという。下御堂は、一二九九（正安元）年に火災によって焼失し、その後、宝幢院下御堂として再建され、御影堂とも呼ばれていた。御影堂（宝幢院下御堂）等は、この後、一四四九（宝徳元）年にふたたび焼失していることが文献上確認でき（鑁一九）、二度の火災に遭ったという発掘調査の成果とも合致する。これらのことから、建物9は、正安元年に再建された宝幢院下御堂にあたるものと考えられる。

後述するように、この堂に安置されていたという三尺皆金色の金剛界大日如来坐像が、二〇〇八（平成二十）年三月にニューヨークのオークションにかけられ、東京都立川市の宗教法人真如苑の所蔵となった運慶作とされる大日如来坐像であった可能性がきわめて高い。また、建物9の須弥壇にあたる位置の下層で確認された石組み遺構のなかには、もともと同じ平坦地の土壙から出土した二個体の青白磁四耳壺が埋納されていたものと推定される。

四耳壺埋納土壙

二個体の四耳壺が並んで出土した土壙は、地蔵堂跡（推定）の北約五《メートル》に位置する。平面楕円形で、東西五五《センチ》、南北推定四〇《センチ》、深さ約三〇《センチ》の素掘りの土壙である（図50）。二個体の青白磁四耳壺は、東西にならんで立った状態で出土した。両個体ともに内部には火葬骨が納められ、蓋として一つには青磁皿、一つには青磁碗（破片）がかぶせられていた。土壙の埋土中からは、かわらけの破片も出土している。二個体の四耳壺は、同時に一つの土壙に埋納されたものであるが、地蔵堂跡（推定）の上面と比較して検出面が高いこと等から当初の埋葬形態ではなく、改葬されたものと考えられる。

図50　四耳壺出土状況

青白磁四耳壺は、高さ二〇・一《センチ》のものと、二二・五《センチ》のものがあり、ともに肩部に四つの横耳が貼り付く。頸部はやや長く、口縁端部が外反し、胴部に丸みをもち、肩部はやや張る。底部は厚く削り出し、高台外面下部を小さく削り平らな面を作り出している。釉調は、やや青みを帯びた白色である。その流通年代は、十二世紀末〜十三世紀初頭とされている。蓋として使用されていた青磁皿は、櫛状工具で見込み部に花文を刻んだもので、もう一方の青磁碗は、口縁部に輪花を施し、内面を片彫りの線で分割したものであった。ともに中国・龍泉窯で焼かれた十二世紀末〜十三世紀初頭頃のものと推定される。よって陶磁器の総体的な年代観は、十二世紀末〜十三世紀初頭頃とすることができる。同じ土壙内より出土したかわらけは、十四世紀代のものと考えられ、この埋納が創建当初のものではないことを裏づけている。

　この二つの四耳壺に納められていた人骨については、埴原和郎によって鑑定が行われ、その結果、ともに焼骨で、一体は女性の可能性が七〇%前後、四十歳代から五十歳代前半の中年から初老期のものとされている。もう一体は、女性の可能性が九〇%以上で、前者よりもやや若い三十歳代後半から四十歳代前半のものと推定されている。また、壺に納められていた骨の量は六〇〇グラムと八〇〇グラムで、一般成人の骨のうち四分の一程度しかなく、火葬した後、焼骨の一部を埋葬したものと推定される。

経堂跡（推定）

　報告書で建物12とされる建物跡で、園池北側の平坦地北東部に位置する。一辺〇・四メートル〜〇・五メートル程のチャートの割石が直線状にならび、礎石として使用されていたものと考えられる。東西九・六メートルで四間（五・一五＋二・二＋二・二）ある。保存状況は悪いが、この礎石列の南側が建物跡であったと推定される。

（三）園池跡

八幡山の東山麓にあり、樺崎川との間の平坦地に位置する。東西約七〇メートル以上、南北約一五〇メートルと南北に長い広大な園池である。この場所には、もともと八幡山の東山麓を北から南に流れる小さな川があった。それを利用して南から東にかけて堤を造って流れをせき止め、園池にしたものと考えられる。園池への導水口は、樺崎川からの水を引く北東部と八幡山山裾の水を引く北西部との二系統あり、その間の北岸は傾斜面を洲浜敷きとし、南側に張り出して岬状を呈する。この岬状の張り出しの造りかえなどから園池の変遷が確認される。西岸は、山裾の傾斜面を利用し、その上に洲浜敷きを行う。南から東岸は、ゆるやかに湾曲する堤を築き、内側の緩斜面に洲浜敷きを施す。

地割の変遷

園池は、大きく三回の改修が行われ、四期の変遷が確認できる。その基本的な変化は、北岸の岬が長くなっていくこと、中島が大きくなっていくこと、水面のレベルが高くなっていくことである。以下各時期の地割の特徴を記したい。

【第一期】（創建期から鎌倉時代後期）

北岸の岬状の張り出しがもっとも短い段階である。中島の北、東、南端には、大ぶりのチャートを使用した立石をともなう荒磯風の石組みがある。西岸の洲浜は、ゆるやかで山麓と園池との間に通路はない。池の底は素掘りのままである。水面高は約五三・〇～五三・一メートルと現在の八幡池の水面高よりも約〇・七メートル低い。

【第二期】（鎌倉時代後期から南北朝期）

北岸の岬の上に土が盛られ、張り出しが高くなり、やや南へと伸びた段階である。岬の上には景石が置かれた。池底は第一期同様素掘りのままで、水面の高さも第一期同様約五三・〇～五三・一メートルと低い。

【第三期】（南北朝期から江戸時代）

北岸の岬はさらに高く土が盛られ、南へと長く伸びる。と同時に中島にも盛土がなされ、高さも規模も大きくなり、楕円形となる。岬と中島との間には小さな橋が架けられる（三―一期）。園池

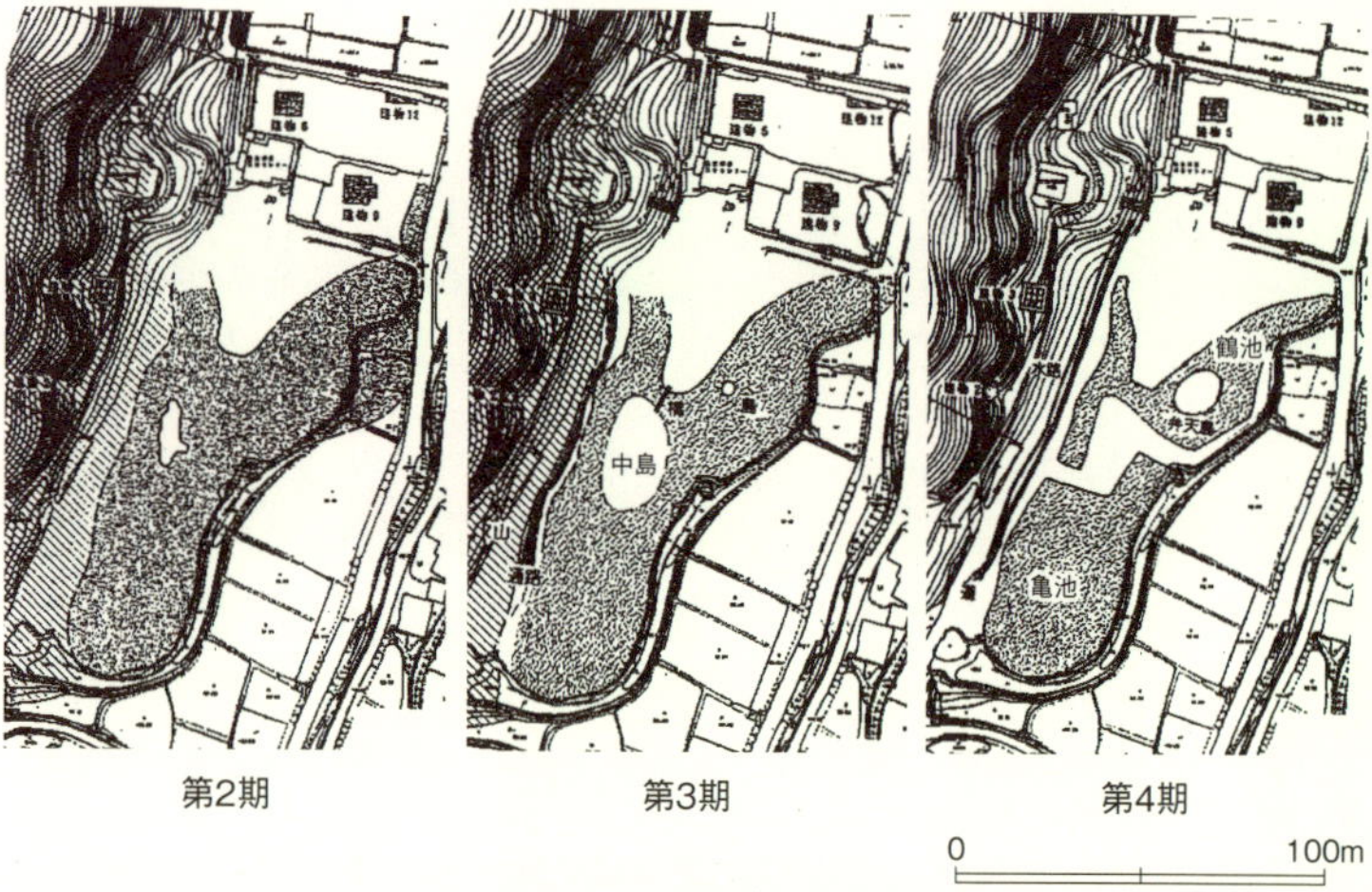

図51　園池地割変遷図

の底に少しヘドロが堆積した頃、岬東方の園池中に新たに周囲を人頭大のチャートの割石によって護岸した島（直径約二・七メートル）が造られる（三—二期）。島が造られた後の堆積土層からは、「享徳三（一四五四）年九月二日」と墨書された長さ一八・五センチ、幅約一センチほどの木板片が出土しており、島の構築が行われた時期がこの頃であったことを示すと考えられる。水面高は、二期よりも約〇・三メートルかさ上げされ、五三・四メートル程になるとともに池底が高くなる部分もあり、一部の池底では川砂を敷く化粧をした部分もある。

【第四期】（江戸時代〜明治時代初頭）

岬はさらに土が盛られて高く、また南へ伸びて大きくなり、先端部は角ばって太くなる。中島もさらに大きく方形になり、そこから東西方向に堤が伸び、南北二つの池に分けられた段階である。明治時代初期の地籍図や「樺崎八幡宮絵図」に描

図52　園池中島北端の荒磯風石組

かれた園池の姿であり、「鶴池」と「亀池」と呼ばれる二つの池になった。水面高は五三・八メートルと現在の八幡池の高さと同じになる（図51）。

中島の変遷

第一・二期の中島は、地山を掘り残した上に周囲の池を掘った土で盛土をして形成する。形状は、南北に細長い不整楕円形で東に張り出しをもつ。旧水面高での大きさは、南北約一八メートル、東西約九メートルと南北に細長く、水面からの高さは〇・三～〇・四メートルと低い。上面には指頭大の均質なチャートの角礫が敷かれている。汀付近は、やや大きめの角礫を敷くほか、一部人頭大のチャートを平らに配して護岸としている。中島の北、東、南端には大ぶりのチャートを立てたり寄せ並べたりして荒磯風の景色をつくっている（図52）。

自然科学分析による珪藻分析の結果、中島周囲の堆積土は、園池造成後、比較的静穏な環境でヘドロが堆積し、徐々に水深が浅くなったものとされる。このヘドロの堆積が約三〇センチ程進み池底の標高が五二・七～五二・九メートル付近の高さになった段階で、中島を中心として円弧を描くように多数のかわらけが投げ込まれている。これらのかわらけは、中島から投げ込まれたものと推定され、なんらかの祭祀行為にともなって使用され、その後投棄されたものであろうと推測される（図53）。ここから出土したかわらけは、十三世紀前半～中頃のもので比較的古い。

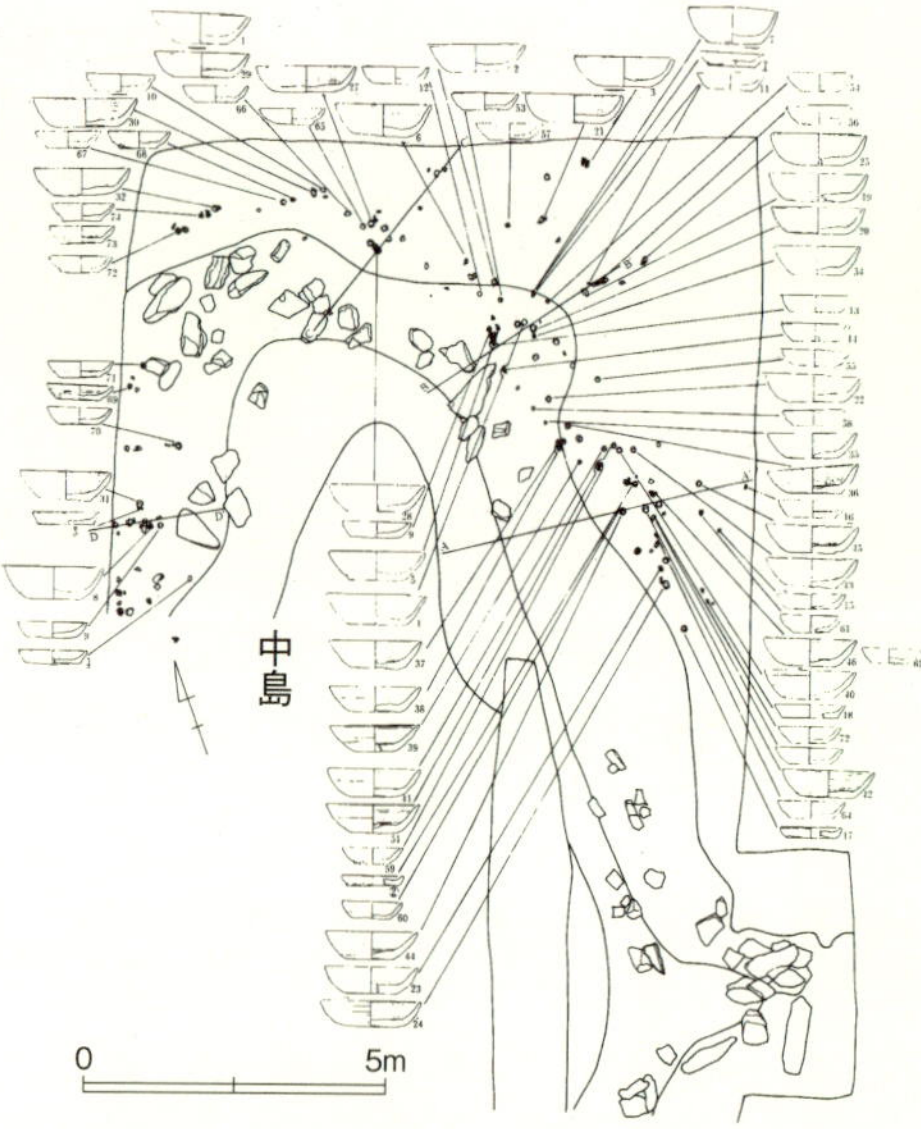

図53　中島周囲のかわらけ出土状況図

第三期の中島は、第一・二期の上にさらに約〇・四メートル盛土し、島の規模も南北約三〇メートル、東西約一五メートルと大きくなる。また、形状も楕円形でぼってりとした形となり、新たな石組みは見られない。北岸の岬から中島にかけては、橋が架けられる（図54）。橋は、二対の橋脚によって支える簡素なもので、太さ〇・一八メートル程度の丸い柱を使い、掘り方が見られないことから、底を杭状に尖らせて打ち込んだものであろう。二本の幅は〇・八メートル、間隔は約四メートルで三対確認されたことから、一二メートル程度の橋になるものと考えられる。簡素な橋の構造を知るにはよい例であろう。島の南端からは樹木の根が出土し、樹種鑑定の結果、桜の木であることが確認された。第三期中島の南端には、桜の木が植えられていたのである。

第四期の中島は、さらに盛土が行われて方形となり、東西に堤が伸びて園池が鶴池と亀池との二つに分けられる。

洲浜の状況

樺崎寺跡の園池には、東の樺崎川で採取できるチャートの小礫を敷いた洲浜が確認されている。第一・二期の洲浜のうち、西岸および岬は、粒ぞろいの小礫を、五〜

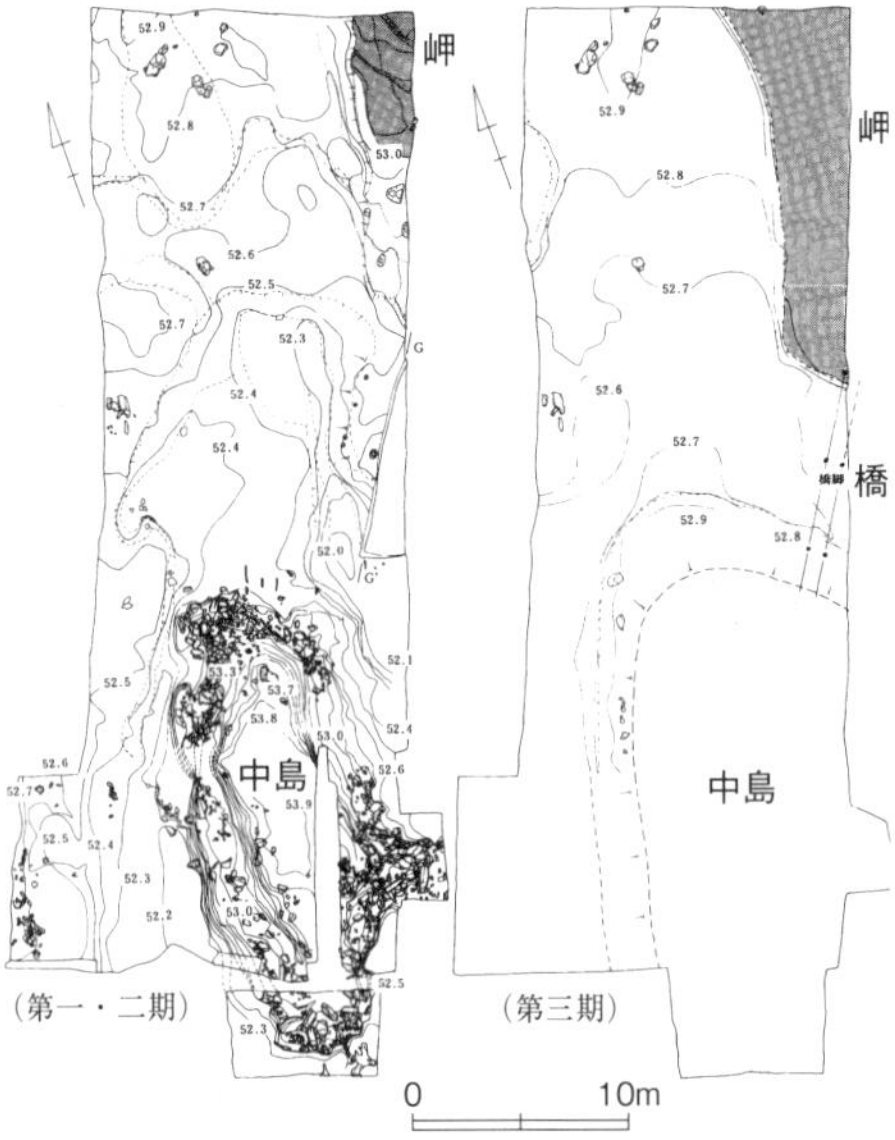

図54 第一・二期と第三期中島出土状況図

一五度程度のゆるやかな傾斜をもたせながら敷き(図55)、西岸の山際ではその傾斜のまま山麓斜面へ取り付けている。一方、中島の外周と東岸では一〇～二五センチ大のやや大きめの石を一〇～一五度程度の緩斜面に粘土とともに貼って洲浜を形成している。この工法のちがいは、西岸は山裾からの湧水を園池内に取り入れるため、中島や東岸では逆に水が漏れないようにするための工夫であったと考えられる。

第三期になると、前期の洲浜を埋めた上に新たに石敷きの洲浜を形成するが、使用される石は大小不ぞろいとなる(口絵参照)。傾斜角は、西岸のもっともゆるやかなところでも約一五度、岬から北東の岸にかけてのもっとも急なところでは約三〇度と前期の洲浜と比較すると急傾斜になる。なかでも傾斜が急な部分は大ぶりの石を選んで使用している。西岸の山際では、洲浜の傾斜角が前期よりも急になったことから、山の斜面との間に平場を設けることができるようになり、そこに幅一・五～二メートル程度の通路が設けられている(図51)。

導水遺構

園池への導水遺構は、北岸の岬をはさんで東の樺崎川方向からと西の山

図55　園池第一・二期の洲浜

裾に掘られた溝からとの二系統からなる。このうち、東の樺崎川方向からの導水遺構は、第一・二期にともなう石組み護岸による溝と第三期にともなう遺水状の溝と二時期の遺構が確認されている。

第一・二期にともなう遺構は、南北方向の溝（9SD—09）で幅一・二メートル以上、深さ約〇・五メートルを測る。西側立ち上がりの一部だけを確認したが、護岸には高さ約〇・六メートル、幅約〇・四メートルとやや大ぶりの平らな石を貼ったていねいなつくりをしている。この溝は、ため池状遺構の断面でも素掘りの溝として確認されており、園池に近い部分だけ石張りにしたものであろう。鎌倉時代の導水遺構と考えられる。

第三期にともなう遺構は、建物9のすぐ東側に掘られた遺水状の蛇行する溝とその上流のため池状の遺構とからなる。ため池状遺構（9SD—07）は、最大幅五メートル、深さ一メートルが確認され、東側調査区外へ伸びてさらに広がるものと考えられる。西側は蛇行する溝に取り付き、この溝へ流す水を一度ため、上部のきれいな水を流す役割を果したため池状の施設であろう。樺崎川からこのため池状遺構への導水遺構は確認されていないが、川からの水がまずここに注がれ、ためられたものと推定される。

ここから水を蛇行させながら園池へ流した遺水と考えられる溝状の遺構（9SD—05）がある（図56）。一部広くなる場所もあるが、上幅は約一・二メートル、下幅約〇・三メートル、深さ約〇・一五メートルと浅い。西方向に向かってから大きく南へ蛇行する部分に景石があり、その周辺やため池の南側からは、拳大のチャートの割石を突き固めた地業と考えられる遺構が確認され、遺水の取水口であるため池を隠す築山の痕跡と推定される（図57）。南に向かって流れた遺水は、ゆるやかに東南へ向かい、園池の上流部へ注ぎ込むと考えられる。二〇〇七（平成十九）年度の調査では、遺水の注ぎ口の西端が確認され、遺水と園池との落差の部分に大型の石を組んでいることが確認された。その池側汀付近からは、一辺約〇・三〜〇・七メートル程の石が数個出土したことから、この落差を利用した滝

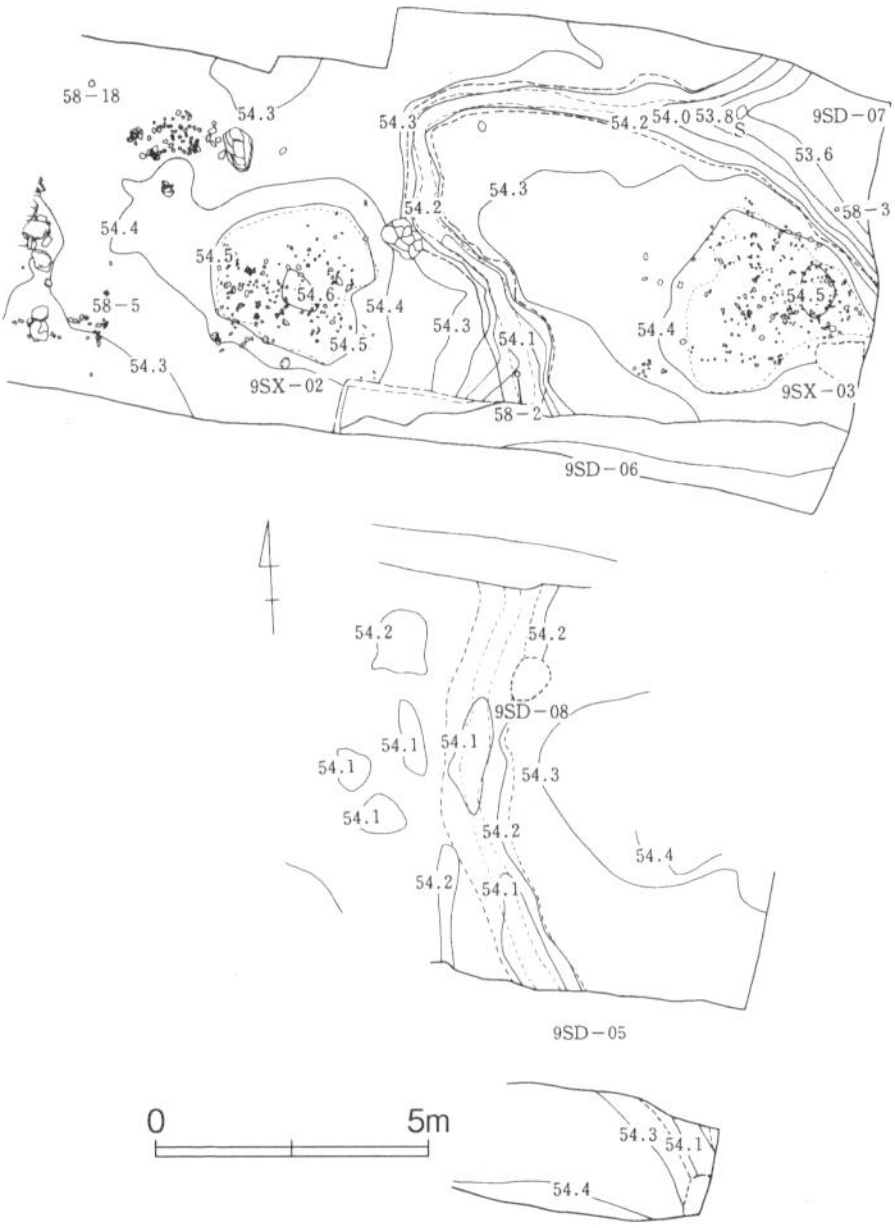

図56　園池第三期遺水遺構平面図

図57　導水遺構と築山の痕跡

図58　西側の導水遺構（ヒューム管の下の石敷）

石組みがあったと推定される。年代は南北朝〜室町時代のものである。

西からの導水路は、八幡山山裾に掘られた溝状遺構である。この溝は、山裾を南北約一二〇メートルにわたってほぼ直線状に掘られている。トレンチ調査のため、部分的な成果であるが、素掘りで幅一・二〜一・六メートル、深さ〇・四〜〇・六メートル、断面皿状を基本とする。建物5の西側付近では、溝幅が二メートル以上になり、そのなかに〇・一五〜〇・二メートル程の大きさのチャートを表面に組んだ島状の遺構がある。また、さらに北の場所では、溝ののり面に〇・三メートル程のチャートを並べた部分も見受けられる。このように、部分的に護岸に石組みを施したり、島を置いたりして遺水としての修景がなされていたものと推測される。

園池との取り付き部分は、現代のヒューム管が上を通り十分な調査はできなかったが、溝幅をしだいに広げて園池へと水を流し込んでいたことが確認された（図58）。取り付き部の幅は約三・四メートル、深さは約〇・四メートルで、底部は五〜一五センチ大のチャートの小礫がていねいに敷かれている。滝石組などは見られず、池底へ向かってゆるやかに傾斜する面にチャートの小礫を貼り、洲浜を形成する。東岸は緩やかに開きながら岬の洲浜へとつながり、西岸はそのまま西岸の洲浜に取り付く。東側の導水部分とは対照的な景観をなすことが確認された。第三期にともなうもので、年代はやはり

図59　園池第一・二期の排水溝

南北朝～室町時代である。第一・二期から八幡山の山裾には溝が掘られ、園池へ導水していたものと推測できるが、具体的な姿の確認は、今後の課題である。

排水遺構

園池南西部の堤の上で排水遺構が確認された。園池の上水を排水するもので、幅約〇・六《メートル》の溝である。池尻から排水溝の底および側面には、一～一五《センチ》程の不均一なチャートの小礫が貼られている。底面の標高が約五三・〇六《メートル》、堤上面の標高は、約五三・六五《メートル》である。第一・二期の水面高が五三・〇～五三・一《メートル》であり、この排水溝は、当該期の排水溝であったことがわかる（図59）。排水溝は、現在の堤の上では、東へ緩やかに曲がったことが確認されるが、堤より南は、水田造成の際に削平され不明である。この排水遺構は固くしまった土で埋められており、水面をかさ上げした第三期の改修にともないその位置も変更されたものと考えられる。なお、これまでの調査では、第三期の排水溝は確認されていない。

園地変遷の総括

それではここで、これまで述べてきた、園池の地割りおよび細部意匠の変遷をまとめてみよう。

創建期から南北朝期までは、南北に細長く周囲に景石をもつ中島があり、北から伸びる岬は低平で短いのに対し、南北朝期以降、中島は盛土されて楕円形で高く大きな島となり、岬も盛土され中島に近づくように長く伸び、さらに高さも増して中島との間に橋が架けられる。そして江戸時代以降は、中島を中心として堤ができ南北二つの池に分かれることが確認された。

　また、護岸の細部意匠としては、西岸から岬にかけて、創建期は小ぶりで粒ぞろいの石を敷き緩やかな傾斜をもつ洲浜であるのに対し、南北朝期以降は不ぞろいの石を敷きやや急な傾斜をもつ洲浜へと変化している。さらに江戸時代になると溜池にすることを目的として、素掘りで急傾斜の護岸となっており、寺院の園池としての機能は失われていることが確認された。さらに、水面高も、標高五三・一メートルから五三・四メートルそして五三・八メートルと、園池が改修されるたびにしだいにかさ上げされていることが確認された。

出土遺物

　園池は、もともと水が豊富な場所であることから、通常の発掘調査地では残ることが少ない木製品を含む多くの遺物が遺存していた。まず特筆されるものは、大量の柿経の出土である。経文を薄いヒノキの板に書写した柿経は、中世寺院における宗教活動の一端を示すものとして重要である。次に中島や岬の周辺からほぼ完形のかわらけが多数出土したことがあげられる。その他、折敷や漆椀などの木製品、舶載・国産陶磁器、古銭、瓦等が出土している。

(四)　北部の遺構群

樺崎川の西側に位置する中心伽藍北側の遺構群である。地形は、緩やかに南に下がり、南にある中心伽藍とは、東西方向の小溝（４ＳＤ—０２・０３）によって区画されている（図60）。小溝の

図60　北部の遺構群平面図

北方約五〇メートルの位置には、東西方向の大溝（5SD—07）があり、その範囲内に掘立柱建物跡や井戸跡、かまど跡等が分布する。さらにこれらの遺構群は、大溝から出た南北方向の小溝（5SD—08）によって区画される。また、これらの遺構の下層からは、土壙群が確認され、建物等を建立する以前この地は、墓域になっていたものと考えられる。

　中心伽藍と北部遺構群との境を区切る小溝は、二本確認された。このうち、4SD—02は、上幅約一・四メートル、下幅約〇・二メートル、深さ約〇・六メートルで断面は箱薬研状を呈する。その内部からは、青磁、白磁、かわらけ等、十四世紀代の遺物が出土している。そのやや北側で確認された4SD—03は、上幅約二メートル、下幅約一メートル、深さ約〇・五メートルで断面は逆台形を呈する。内部からはかわらけ、瓦、内耳土器、下駄、硯、国産陶器等十五～十六世紀代の遺物が出土した。断面での観察でも４ＳＤ—０３より４ＳＤ—０２のほうが古いことが判明している。

小溝の北側は、北に向かって緩やかに傾斜する地形で、敷石遺構や敷砂利遺構等があり、さらにその北側に掘立柱建物跡がある。４ＳＤ—０２の南側から池跡または導水路の北端辺と考えられる落ち込み（４ＳＸ—０２）が確認されている。中からの出土遺物としては、かわらけ、瓦質土器がある。断面の観察から、４ＳＤ—０２よりも古い遺構であることが確認されている。園池にともなう導水用の池、あるいは遣水の一部かと推定される。

遺構群のもっとも北を区画する東西方向の大溝（５ＳＤ—０７）は、南側の立ち上がりだけが確認され、長さ二〇メートル以上、幅五メートル以上、深さ約一・五メートルで、東方は樺崎川に接続していくものと考えられる。大溝に接続し、掘立柱建物跡群の建つ敷地を区画するのが、南北方向の溝（５ＳＤ—０８）である。幅約一メートル、深さ約〇・三メートルで四〇メートル以上にわたって確認されている。大溝との接続部は、広げられており、同時期に機能したことがわかる。また、井戸（５ＳＥ—０２）からの排水を流した東西方向の小溝との合流部には杭列があり、そこから食物のカスと考えられる梅のタネが数多く出土している。

これら溝によって区画された範囲は、それぞれが掘立柱建物と井戸をもつ独立した空間であったと考えられる（図61）。

南北方向の区画溝（５ＳＤ—０８）の東側からは、前述したように排水溝をもつ素掘りの井戸跡（５ＳＥ—０２）が確認されている。径約二・三メートル、深さ約一・三メートル、中程に段があり、そこから下を深掘りする。使用していた当時は上部に木桶などの木製品を置いて、まわりを埋めていたものであろう。廃棄のときに木製品が抜かれたため、このような形になっているものと考えられる。

一方、区画溝の西側からは、石組井戸（４ＳＥ―０１）が確認されている。石組井戸は、内径約八五センチ、深さ約二メートルで、中程から上部が石組、下部が素掘りである（図62）。内部よりかわらけ、瓦、火箸等が出土している。

南北方向の区画溝（５ＳＤ―０８）の東側に広がる掘立柱建物跡（建物６）は、数が多い上に柱穴が重複し、平面形や規模が断定できないが、複数の建物が並んでいたものと考えられる。

図61　区画溝と井戸（5SE―02）発掘状況

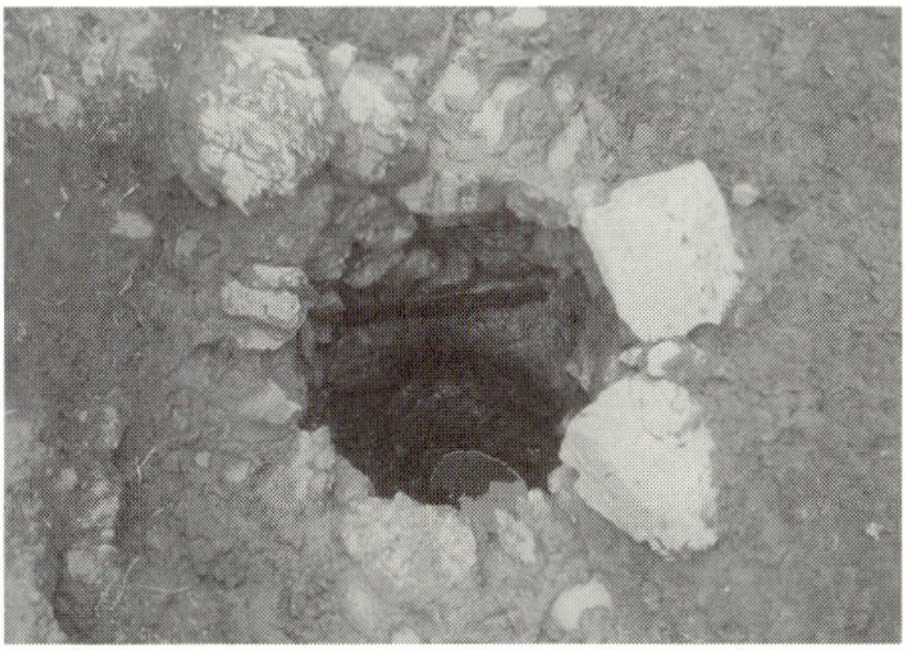

図62　石組井戸（4SE―01）発掘状況

図63　土壙発掘状況

これらの遺構群から出土した遺物は、かわらけ、舶載・国産陶磁器、瓦、古銭、漆椀、撞木と思われる木製品、鉄箸、鉄製花生などがある。このうち、かわらけは、7期（かわらけ編年についてはⅣ章で詳述）のもので、十五世紀代と考えられる。

ところで、この地区の特徴的な遺構として、掘立柱建物跡等の遺構の下層にある土壙群があげられる。これらは現在のところ四基以上確認されており、このうち完形のかわらけ四個体が出土した5SX—10は、長さ三メートル以上、幅約〇・九メートル、深さ約〇・八メートルあり、隅丸長方形状を呈する（図63）。四個体のかわらけは、底部付近にまとまって上向きの状態で出土した。かわらけの中には、穀物の汁のようなものが入ったものもあり、食物などを盛って副葬したものと考えられる。ここから出土したかわらけは、4期に属するもので、十四世紀初頭～前半頃のものと推定される。この他の土壙も長さが約二メートル程度であり、伸展葬の遺体を入れた木棺を埋めるには十分な大きさであると考えられることから、埋葬を行った土壙と推定している。

2　樺崎川東側の遺構

（一）掘立柱建物跡と広場

現樺崎八幡宮の参道正面には、樺崎川にかかる石橋がある。この石橋は、足利市域北部の名草地域で産出していた花崗岩を使用したもので、明治時代の近代化遺産として注目されている。中世の樺崎川は現在地とほぼ同じところを流れており、樺崎寺の寺域は、川東の区域にも広がっていた。

石橋の東側、少し北へ寄った場所から敷石広場が確認された（図36参照）。後世の耕作によって撹乱され明確ではないが、東西約一二メートル、南北約七・五メートルの範囲にチャートの角礫が敷かれている。敷石の上面およびその周辺からは、かわらけ片や舶載・国産陶磁器、瓦、銅銭が多数出土した。これらの遺物は、敷石上面を含めてほぼ同じ面上に広がっている。赤御堂跡（現樺崎八幡宮）は、ここから川をはさんでほぼ真西にあたることから、寺域に足を踏み入れる際の祭祀が行われた施設であると考えられる。出土遺物から、これらが機能した年代は十二世紀末～十四世紀中頃である。

図64　建物8発掘状況

　敷石遺構の南、約五〇メートル離れた地点から、掘立柱建物跡（建物8、図64）が確認された。建物8は、柱穴の配置と切り合いからほぼ同じ場所で四回以上の建て替えが想定される。主軸の方向が、北から約二五度東へふれるものから、約一九度東へふれるものへと変化している。約二五度ふれる段階は、三時期（8―1、2、3）ある。8―1、2期は、東西が約二・六メートルで五間以上、南北が約二・四メートルで二間以上の総柱掘立柱建物跡である。焼土があり、炉またはかまどがあったものと推測される。8―3期は、桁行が約二・一メートルで五間以上、梁行が約二・二～二・三メートルで二間以上の総柱掘立柱建物跡である。一方、一九度東へふれる段階は二時期（8―4、5）あり、桁行が約三～三・四メートルで三間以上、東に約一・一メートル幅の縁をもち、梁行が約二・一～二・四メートルで南に約一・二

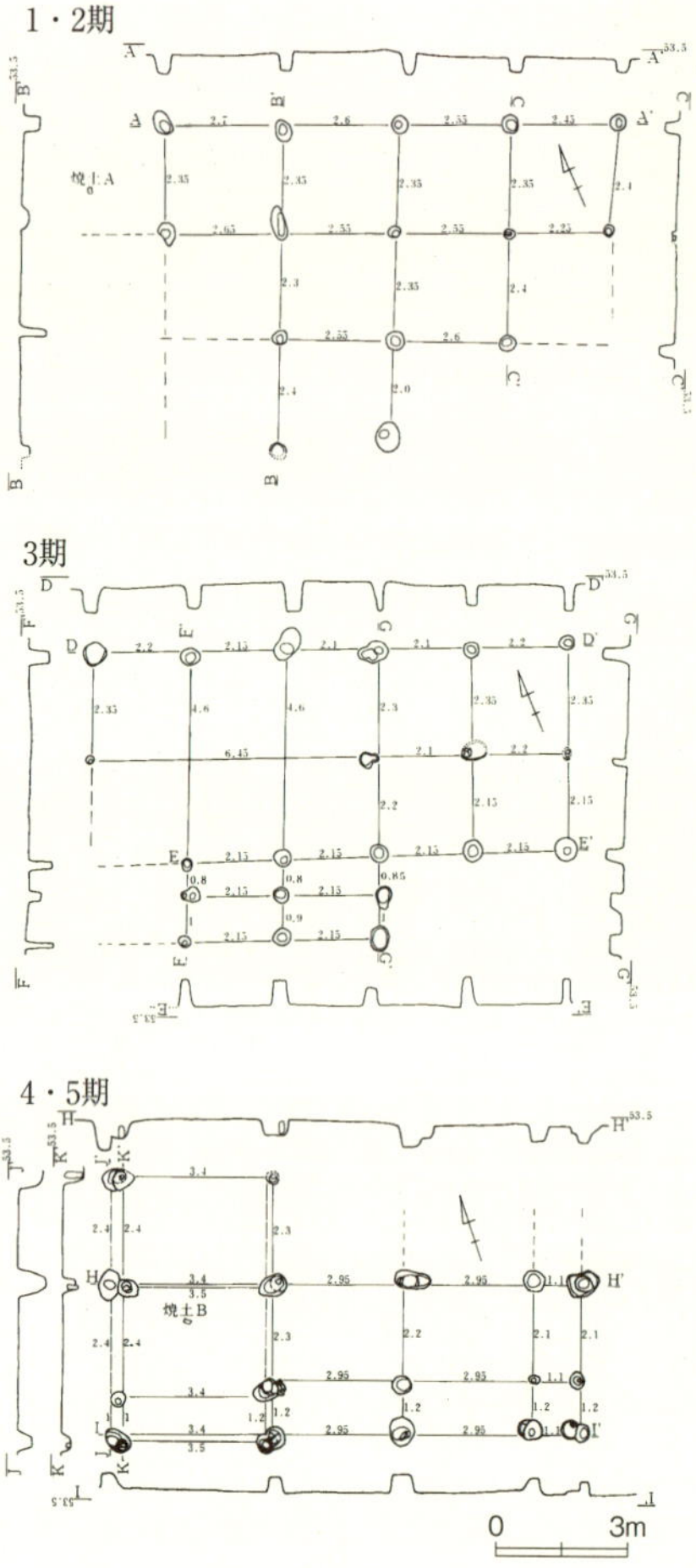

図65　建物８変遷図

《メートル》幅の縁をもつ掘立柱建物跡である。桁行の柱間が広くなったためか、柱穴が大きく、柱もより太いものが使用されていたものと考えられる（図65）。焼土があり、ここに炉があったものと推定される。これらの遺構確認面からは、かわらけ、舶載・国産陶磁器、鉄鎌等が多数出土している。とくに舶載磁器のなかで劃花文青磁が数点出土していることが注目される。

建物の性格としては、旧地表面に焼土があること、桃の種など食物のカスが出土していることから、僧侶が日常生活を行っていた僧坊的な建物であり、「縁起」にみえる「寺務御坊」にあたるものと考えられる。

掘立柱建物跡の柱穴から出土した柱材の自然科学分析を実施した結果、一一点のうち、コナラ節が七点、クリが三点、カヤが一点と、縄文時代以来竪穴住居の構築材として使用されているコナラ節やクリが多く使用されていることが確認された。また、建物8のすぐ東側から出土した自然木の根は、樹種鑑定の結果カキの木と確認された。中世の絵巻物などには、厨をもつ建物の横などに柿の木が描かれており、ここでも同じような景観があったことが想定される。建物周辺の出土遺物からこれらの遺構の年代は、敷石広場と同じで、十二世紀末～十四世紀中頃である。

建物8は、現地表面から約一・二㍍下から検出されたもので、その上には、数回の洪水によって被った砂と水田面が確認された。この場所は、十四世紀後半以降たび重なる洪水が発生し、押し寄せた土砂によって建物を維持することが困難となり、水田化されたものと考えられる。一方で寺域の北部や北東部からは、ここより新しい時代の遺物が出土し、ここの僧坊の機能は、しだいに寺域の北部や北東部へ移動したものと考えられる。

(二)北東部の遺構群

樺崎川の東、川に架かる辻橋から東へ向かって伸びる道の北側および南側に広がる遺構群である。礎石建物跡、掘立柱建物跡、井戸、溝、土壙等が確認されている。

当時の樺崎川の流路についてであるが、辻橋拡幅工事の際、東側護岸の下から旧流路の西側立ち上がりが確認され、現在の川筋から約一本分東側で現地蔵堂の下付近を通っていたことが判明した。さらにその北方約五〇㍍の付近では、東側の立ち上がりを確認し、現流路よりも約一〇㍍東にあったことが明らかになっている。現在の樺崎川は、樺崎寺跡の北方では南東方向に向かって流れ、辻橋付近で大きく湾曲し、南西方向へと流路を変えるが、中世の樺崎川は、北からほぼまっすぐに南西に向かって流れていたようだ。

辻橋から東へ伸びる道の北側には、礎石建物跡や掘立柱建物跡等の遺構群が確認されている。建物13（SB―13）は本地点唯一の礎石建物跡で、礎石はすべて失われていたが、その根固めと考えられる石の塊が七カ所確認された。規模は、東西三間（一・九五メートル等間）で約五・八五メートル、南北三間で約六・四メートルの一間四面堂である。根固めの中からⅢ期（十四世紀代）の瓦が出土しており、それ以降に建てられたものである。掘立柱建物跡14と重複している。建物14（SB―14）は、東西約八メートル（二メートル×四間）、南北約四メートル（二メートル×二間）の東西棟である。ほぼ同じ場所で柱穴の掘り直しが行われており、二回以上の建て直しがあったものと考えられる（図66）。

この二つの建物に隣接してすぐ西側にも掘立柱建物跡が確認されている。建物7（SB―07）は、東西約四・二メートル（二・一メートル×二間）、南北約六・五メートル（二・一＋二・一＋二・三メートル）の南北棟であるが、西および南に広がる可能性もある。柱穴の底には三〇～四〇センチ大の礎石が据えられており、強固な構造の建物であったことがわかる。掘立柱建物跡15（SB―15）と重複している。建物15は、東西約四メートル（二メートル×二間）、南北約六・六メートル（二・二メートル×三間）の南北棟である。五カ所で柱が確認され、その残存径は約一五センチ程度である。建物7と棟方向および規模がほぼ同じであることから、同じ性格の建物跡と考えられる。

これら四棟の建物の前後関係は、建物13のすぐ西側にある溝（11SD―10）との切り合いで確認できる。この溝は、南北方向に走り、幅約一メートル、長さ一六メートル以上、深さ約二〇センチで底には木屑片が薄く堆積していた。礎石建物跡13よりも古く、掘立柱建物跡14より新しい。建物14から13へ建て替えられたことを考えると、南に位置する建物7が古く、建物15に建て替えられたと考えるのが妥当であろう。

また、建物13と14との前後関係は、直接の切り合いでは確認できないものの、前者の根固めから瓦が出土していることからも、建物13のほうが新

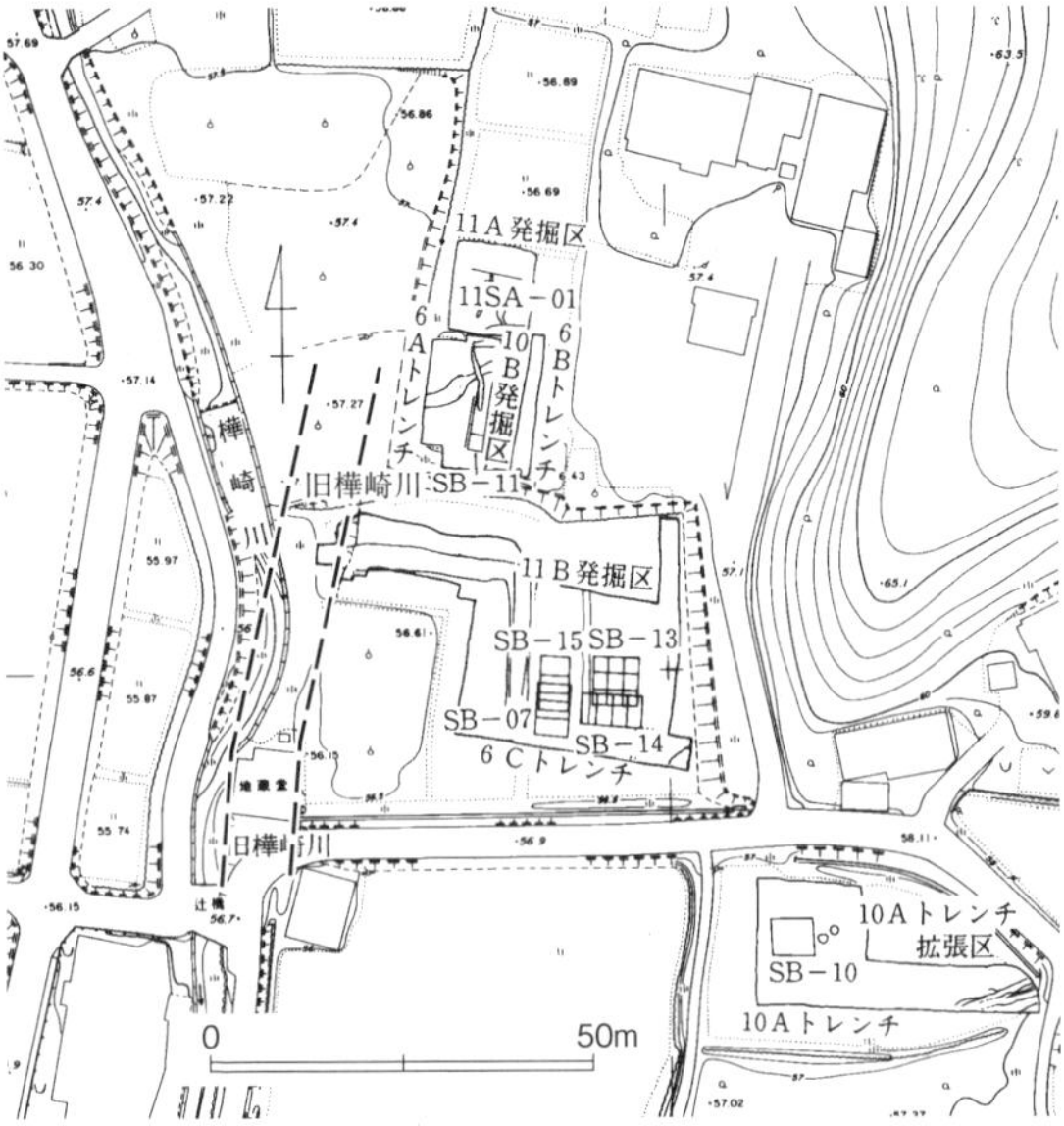

図66　辻橋北東の遺構群

しいものと考えられ、掘立柱建物跡から礎石建物への変化がみられる。

なお、この他にも柱穴が多数確認されているが、建物跡を想定することはできなかった。また、出土遺物は、かわらけ、船載・国産陶磁器、瓦、内耳土器、石臼、下駄等がある。

3　小字ダイモン周辺の調査

一九九七（平成九）年には、耕地整理にともなって樺崎八幡宮から南へ約二五〇《メートル》離れた小字ダイモン周辺の発掘調査を実施した（図28参照）。ここは、現在樺崎八幡宮に合祀されている示現神社がかつてあった場所ともいわれていた。足利方面から樺崎の谷を通り、赤見方面へと抜ける街道もこの地の南側を通過していたものと考えられ、街道から樺崎寺への入口とみなされる場所であ

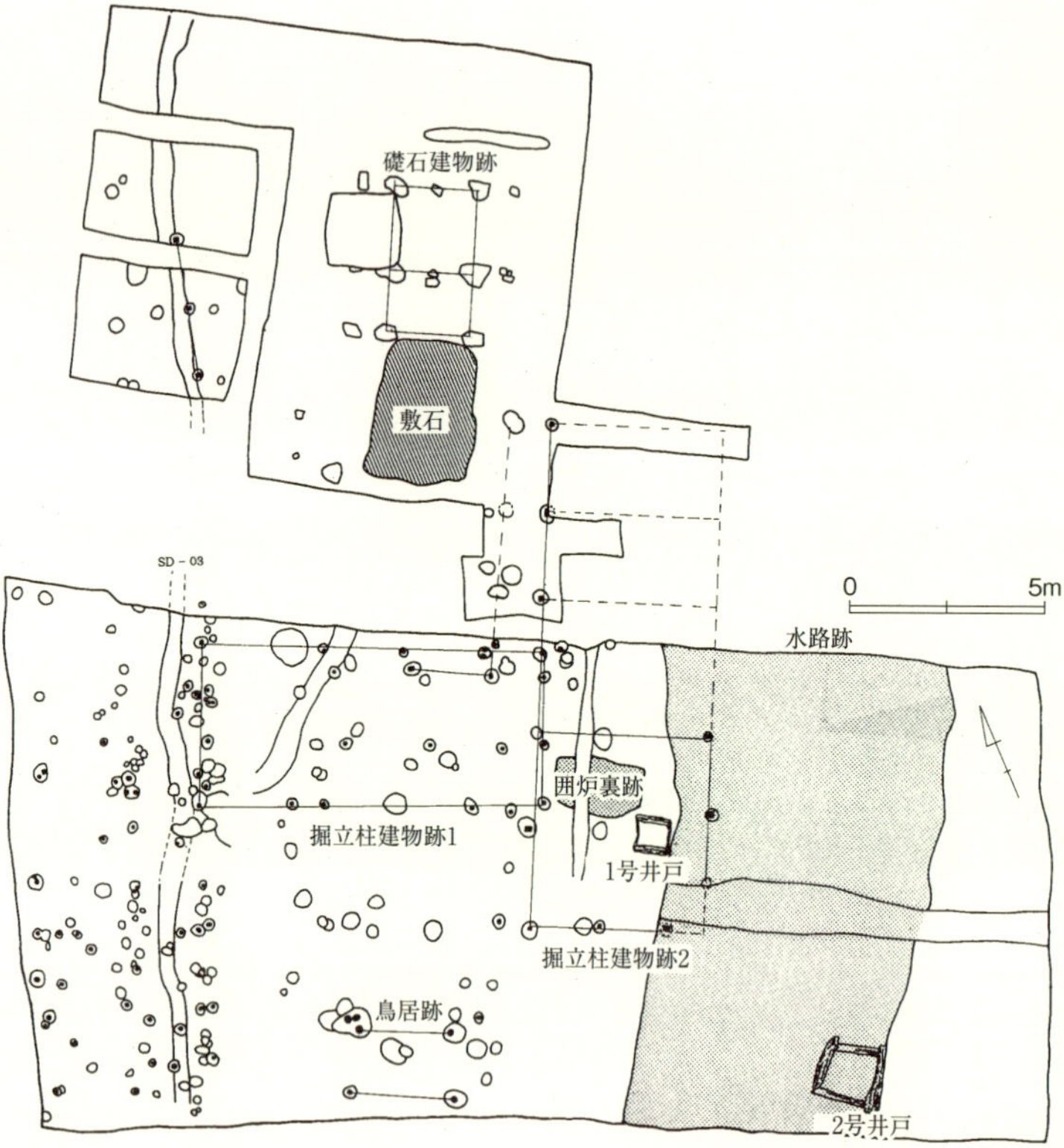

図67　小字ダイモン周辺調査地の遺構平面図

る。

発掘調査の結果、南北方向の水路跡、二棟の掘立柱建物跡、二基の方形木組み井戸跡、鳥居跡、示現神社の跡と考えられる礎石建物跡、石敷等が確認された（図67）。

南北方向の水路跡は、上幅約七《メートル》あり、調査区東側で確認された（図68）。樺崎川の旧流路と考えるにはやや小さいが、上流をたどると少し西方向へ向かえば樺崎寺跡園池排水路の方向でもあり、その延長の可能性がある。水路の中からは、多数のかわらけ、青磁、漆椀、仏像の台座蓮弁や箸等の木製品が出土した。蓮弁は、三個体出土しており、材質はヒノキとサワ

図68　南北方向の水路跡および２号井戸発掘状況

図69　出土した蓮弁

ラのものがあり、表面には漆箔を施す。ほぼ完形のものを参考にすれば、長さ一二・七センチ、最大幅九・五センチ最大厚〇・九センチの大きさである（図69）。厨子入り大日如来坐像（光得寺蔵）の台座にある蓮弁と比較すると、やや大きく、反りがゆるやかで、同像より大きな像にともなうものであり、年代もややさかのぼるものと考えられる。水路内出土のかわらけは、ロクロ成形のほか手づくね成形のものがある。さらに手でこねた粗雑な成形のものも、皿形と小皿形がそろっており、祭祀にともなって使用されたものであろう。

　水路内の東岸に近い場所からは、約一・二メートル四方で方形に丸太を組んだ二号井戸跡が確認された。内部からは、かわらけの他、桃や梅の種等が出土している。水路跡の西側では、一部水路に重複して掘立柱建物跡二が確認された。東西三間（約四・四メートル）、南北五間（一二・四メートル）と南北に長い建物跡である。発掘された柱材は、ほとんどがクリ材で、一辺〇・一五メートル程の角柱である。建物跡の周辺からは、建物の部材の一部とみられる木製品や金銅製飾金具などが出土している。また、建物の内部には、約一メートル四方で方形木組みの一号井戸が確認され、中からかわらけや木椀が出土している。さらに、井戸の横には炭化物が集中した部分があり、囲炉裏の痕跡と考えられる。これらの遺構は、出土したかわらけ等から十三世紀代を中心とするものと考えられる。

この他、示現神社跡に関連するものとして、調査区の北西部から本殿跡と推定される礎石建物跡が確認されている。東西一間（二・一メートル）、南北一間（二・一メートル）の母屋の南側に一・五メートル幅の向拝をつけ、さらに東西に幅約一メートルの縁を設ける。本殿跡の前面には幅二・五メートル、長さ三メートルの範囲に石が敷かれ、社殿前面の敷石と考えられる。敷石の南側からは東西方向の掘立柱建物跡一、さらにその南側からは二本一対の太い柱が確認され、それぞれ神社にともなう拝殿・鳥居跡と考えられる。これら示現神社に関連する遺構群は、十六世紀頃のものと推定される。

本調査地点の南には、「ダイモン」の小字名が残され、その南を足利から赤見方面へとぬける街道が通る。街道と寺院との境界に位置し、この付近に大門があった可能性はきわめて高い。残念ながら「ダイモン」に関わる門の遺構は確認されていないが、水路沿いに建てられた南北棟の建物跡は、内部に井戸や囲炉裏をともない、太い角柱が使用された立派な掘立柱建物で、庶民の住宅ではない。さらに、水路からかわらけが大量に出土したり、蓮弁や金銅製飾り金具等が出土するなど、街道から樺崎寺へ入る場所に造られた堂宇、あるいは寺院に関連する重要な施設と考えられる。参拝のときに使用された館、あるいは近くにあったであろう大門を守る館などであろうか。中世寺院では、中心伽藍から遠く離れた寺院へ向かう街道上などに総門が置かれるという事例もあり、今後とも周辺の調査が必要であろう。

4　自然科学分析の成果

花粉化石群集の分析によって遺跡周辺の森林植生は、鎌倉時代から南北朝期にかけてクルミ属・クマシデ属―アサダ属・ブナ属・コナラ亜属・ニレ属―ケヤキ属といった落葉広葉樹およびアカガシ亜属などの照葉樹林属が卓越していたことが確認されている。一方、室町時代以降は、落葉広葉樹が卓越しながらもスギ属などの針葉樹林が増加した可能性が指摘されている。

掘立柱建物跡柱材の樹種分析結果でも同じ傾向が確認できる。中世前半の建物跡と考えられる樺崎川東の建物8では、コナラ節やクリの使用が確認され、小字「ダイモン」で確認された掘立柱建物跡では、ほとんどがクリであった。一方中世後半の建物跡である寺域北部の建物6では、スギ材が多く使用されており、中世前半から後半になると建物に使用された柱材も落葉広葉樹から針葉樹へと変化したことが確認できる。

前述のように園池は、南北朝期（第三期）に大きな改修があり、中島の西側付近では池底がかさ上げされたことによって、第一・二期の池の堆積土と第三期の池の堆積土とを明確に区分することができる。そこで、それぞれの土を採取して珪藻や花粉等の自然科学分析を行った。その結果、土の堆積した園池の環境は新旧ともあまり変化はなく、ともにハス属やヒシ属の浮葉植物が生育する水深のある池沼であり、その縁辺にはヨシ属等の抽水植物が生育していたことが推定される。また、園池内からは、アカマツやモミ属、ナナカマド属、フジ属（?）などの球果が、さらにカエデ属の花粉が塊で出土しており、これらの植物が園池周辺に植えられていた可能性がある。

Ⅳ　出土遺物の編年と樺崎寺跡の変遷

本章では、樺崎寺跡の出土遺物のうち年代的な変遷を確認することができる遺物の編年を紹介する。編年の対象となる遺物の種類としては、瓦とかわらけ、さらに舶載陶磁器と国産陶磁器がある。これらの遺物の編年と文献史料等から知ることができる寺院の変遷とを合わせて、遺跡としての樺崎寺跡の変遷を明らかにしたい。

1　瓦

現代では一般に普及している瓦葺の建物であるが、中世にはきわめてめずらしく、瓦が葺かれていたのは、寺社における中心建物くらいであった。樺崎寺跡は、足利氏ゆかりの寺院として重視されていたため、数棟の瓦葺き建物があり、葺かれていた瓦も多数出土している。

中世における瓦葺建物は、すべて本瓦葺きで、平瓦を重ねて並べた上に丸瓦を葺く。軒先には飾り文様がある瓦を置き、これらのことを、軒平瓦と軒丸瓦と呼んでいる。平瓦を製作する際は、瓦の大きさの粘土塊を造り、適当な厚さに切り取って凹型および凸型の木台に載せて成形する。このとき粘土板が木型に貼り付かないように型の上に布を敷いたり、砂をまいたり（離れ砂）し、この痕跡が瓦に残されている場合が多い。瓦は、建物の建築や改修にともなって葺かれるため、制作された年代の幅も広く、十二世紀末から十五世紀に及ぶ。

以下、『法界寺跡発掘調査概要』（以下『概要』とする）の記載および足利市教育委員会が二〇〇九年に行ったシンポジュウムの成果にもとづきながら、軒平瓦の瓦当面の文様の変化等を中心にして五期に分け、その様相を記したい（図70）。

I期（十二世紀末～十三世紀前半）

三巴文軒丸瓦（E・F類）と三鈷杵文軒平瓦（A類）の組み合わせである。E・F類の三巴文は、左巻きで断面は高い台形状を呈する。『概要』では三鈷杵文の軒平瓦と組み合う軒丸瓦を右巻きで断面が低い台形状を呈する三巴文のもの（A類）であると報告したが、その後、建物16の調査において三鈷杵文軒平瓦（A類）と左巻きの三巴文の軒丸瓦（E類）がいっしょに出土し、これが初期の瓦の組み合わせであることが判明した。

A類の右巻き軒丸瓦は、その後一片も出土しておらず、本遺跡においては、主体的に使用されたものではなかったと考えられる。この瓦については、深澤靖幸により、比企型で、二宮神社出土のものと同笵であることが確認されている。

A類軒平瓦は、瓦当面に二個体の三鈷杵文を配するもので、平瓦と瓦当との接合は顎貼付けによっている。三鈷杵文は、後述するように全国的に見てもきわめて希少な文様である。これにともなう丸瓦は、細身のつくりで、凹面には密の布目痕を残すが、吊り紐痕は明瞭ではない。側縁の面取りも狭く、玉縁の取り付き角度も約八〇度と直角に近い。平瓦は、凹面下部に小さな面取りをも

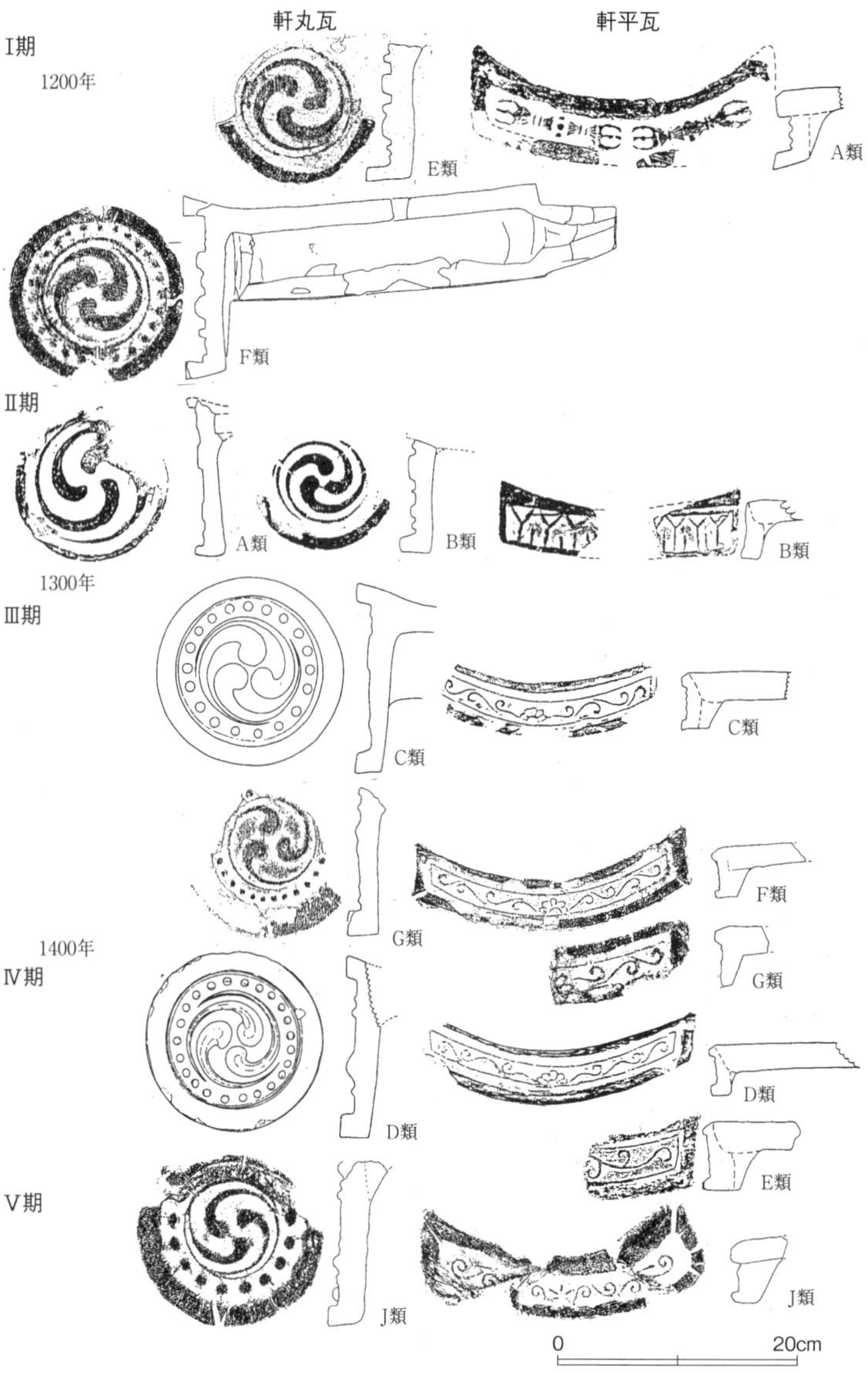

図70　樺崎寺跡出土瓦編年表

つ。凸面には離れ砂が多量に付着し、受型の圧痕が残ることから、上原真人が指摘するように、凸型台の上で一時成形を行った後、凹型台に載せてなで等の二次成形を行ったもので、凹凸両台を使用して整形したものと考えられる。

Ⅱ期（十三世紀後半）

三巴文軒丸瓦（B類）と剣頭文軒平瓦（B類）の組み合わせで、小型瓦である。軒丸瓦の三巴文は、Ⅰ期のものに類似して左巻きで、断面は高い台形状を呈するが面径は小さい。軒平瓦の瓦当面の文様は、上向き陽刻剣頭文で、平瓦と瓦当との接合は瓦当貼付けによる。この軒平瓦は、石川安司によって比企型の瓦と指摘されている。これにともなう丸瓦と平瓦は、Ⅰ期のものに類似するが、小型で、丸瓦凹面側縁の面取りがやや大きい。

Ⅲ期（十四世紀中頃～後半）

外区に連珠文をもつ三巴文軒丸瓦（C・G類）と菊花唐草文軒平瓦（C・F類）の組み合わせである。C類軒丸瓦の三巴文は、左巻きで断面は低いかまぼこ状を呈し、外区には一九個の連珠文をもつ。G類軒丸瓦の三巴文は断面低い台形で、外区には二十数個の小形連珠文をもつ。C類軒平瓦は、瓦当面中央に菊花文、その左右に四反転で肉彫りの唐草文、まわりを界線がめぐる。平瓦と瓦当との接合は瓦当貼り付けによっている。これにともなう丸瓦は、凸面に縄叩痕を、凹面は密の布目痕を残すもので、吊り紐痕は明瞭でないものと、ほとんど垂れ下がらないものとがある。側縁の面取りが広くなり、玉縁の取り付き角度も約七五度と鈍角に、長さも約五センチとなり、瓦と瓦の重なりが改良されている。平瓦は、凹面下部の面取りが幅を増して安定する。凹面、凸面ともに離れ砂が多量に付着することから、一次凸型台、二次凹型台にて成形を行ったものと考えられる。

C類菊花唐草文軒平瓦の年代について、『概要』では十四世紀前半としたが、山崎信二によって、京都における相国寺や金閣寺の瓦との比較から、一三七〇年から九〇年頃までの瓦とすることが妥当であると指摘されている。C類軒平瓦のなかには「桐紋」がヘラ書きされたものがあり（図40参照）、「桐紋」は足利尊氏が後醍醐天皇より拝領した文様とされていることから、十四世紀中頃を上限としたい。菊花唐草文の軒平瓦は、樺崎寺跡の他、足利氏の氏寺である鑁阿寺大御堂（本堂）等でも主体的に使用され、また、中里宝福寺や鶏足寺など市内各所の中世寺院跡でも確認されている。さらに樺崎寺跡からは、やや線彫りとなった四反転のもの（F類）も出土しており、これと同文の瓦は近隣の佐野城跡（春日山惣宗寺跡）や鎌倉府のあった荏柄天神社や鶴岡八幡宮などでも確認されている。上野国分僧寺・尼寺中間地域からも三反転のものが出土している。

これら菊花唐草文軒平瓦の文様の中で、もっとも古い文様は樺崎寺跡C類軒平瓦であり、祖形をなすものといえる。樺崎寺跡C類軒平瓦が登場して以降、十五世紀前半のⅣ期の文様に変わるまで、菊花唐草文軒平瓦は、北関東のなかで数段階の変遷がみられるのである。さらに京都における相国寺や金閣寺の瓦の文様も足利の鑁阿寺や樺崎寺の瓦の文様からの影響を受けて成立したものであり、足利政権が父祖の地である足利の氏寺や廟所で使用していた瓦の文様を京都においても使用したものといえるのではなかろうか。文化は単に中央から地方へ流れるのではなく、地方から中央へ流れる場合もあったと考えられる。

Ⅳ期（十五世紀前半）

Ⅲ期同様外区に連珠文をもつ三巴文軒丸瓦（D

類）と三反転の唐草文軒平瓦（D類）の組み合わせである。軒丸瓦の巴文は、左巻きで断面が高い三角形状を呈する。外区には二三個の連珠文をもつ。軒平瓦は、瓦当面中央に菊花文、その左右は三反転で彫りが浅い線状の唐草文、周囲には界線がめぐる。平瓦と瓦当との接合は瓦当貼り付けである。これにともなう丸瓦は、凸面はていねいになでられ、凹面は密の布目痕を残すもので、大きく垂れ下がる吊り紐痕をもつ。側縁の面取りはさらに広くなり、玉縁の取り付き角度も約七〇度とさらに鈍角になり、長さも約六センチと長くなって瓦と瓦の重なりがさらに改良される。平瓦は、凹面下部の面取りがⅢ期と同じように安定している。凹面、凸面ともにきれいになでられており、離れ砂は目立たない。丸瓦のなかには「応永二十年三月日」の線刻をもつもの（口絵参照）があり、制作年代が確認できる貴重な資料である。

Ⅴ期（十五世紀中頃以降）

右巻の三巴文軒丸瓦（J類）と丸まった四反転の菊花唐草文軒平瓦（J類）の組み合せである。焼成が悪く表面がざらざらした胎土である。小字ダイモン地区から多く出土している。

現在までの発掘調査の結果では、これより新しいとみられる瓦は出土しておらず、樺崎寺での瓦葺建物の改修は、これ以降行われなかったようである。

2　かわらけ

（一）樺崎寺跡におけるかわらけ使用の様相

古代の住居跡などの発掘調査を実施すると、碗や皿などの供膳具として使用された須恵器や土師器などの素焼きの土器が多く出土する。しかしながら、北関東地方において中世前半の遺跡の発掘

図71　樺崎寺跡出土かわらけと折敷

調査を行うと、遺物の出土量は極端に少ない。このことから、中世前半における日常の供膳具は漆器や木器など木製の器に変わっていたものと考えられている。木製の器は土の中で腐ってしまうから、現代まで遺らないのは当然であるが、鎌倉などの都市遺跡でたくさん出土する「土器（かわらけ）」の出土も少ない。

荒川正夫は、北武蔵地域を中心として中世前期の遺跡から出土する焼物のうち、かわらけの割合が、館や集落遺跡では一〇～二〇％程度なのに対し、寺院跡では五〇％を越える量が出土し、寺院跡に多いことを明らかにした。荒川は、鎌倉などのような都市遺跡では主従関係を確認するための儀礼が頻繁に行われ、かわらけが大量に廃棄されたため出土量が多いが、一方で、北関東の館跡等の遺跡でかわらけの出土量が少ないのは、在地領主層は従来の地縁や血縁にもとづいて主従・信頼関係を結んでおり、かわらけを用いた儀礼を行う必要がなかったためとする。そして寺院跡でかわらけの出土量が多いのは、「人と神仏」との関係を重視する傾向があり、そのための儀礼が多く行われたたためとしている。

寺院跡である樺崎寺跡では、荒川の指摘のように多くのかわらけが出土している（図71）。とくに完形に近いかわらけがまとまって出土しているのが園池跡で、なかでも中島北東の園池堆積土中から多く出土している。これらは中島周囲のヘドロの堆積が約三〇センチ程進んで池底が高くなった段

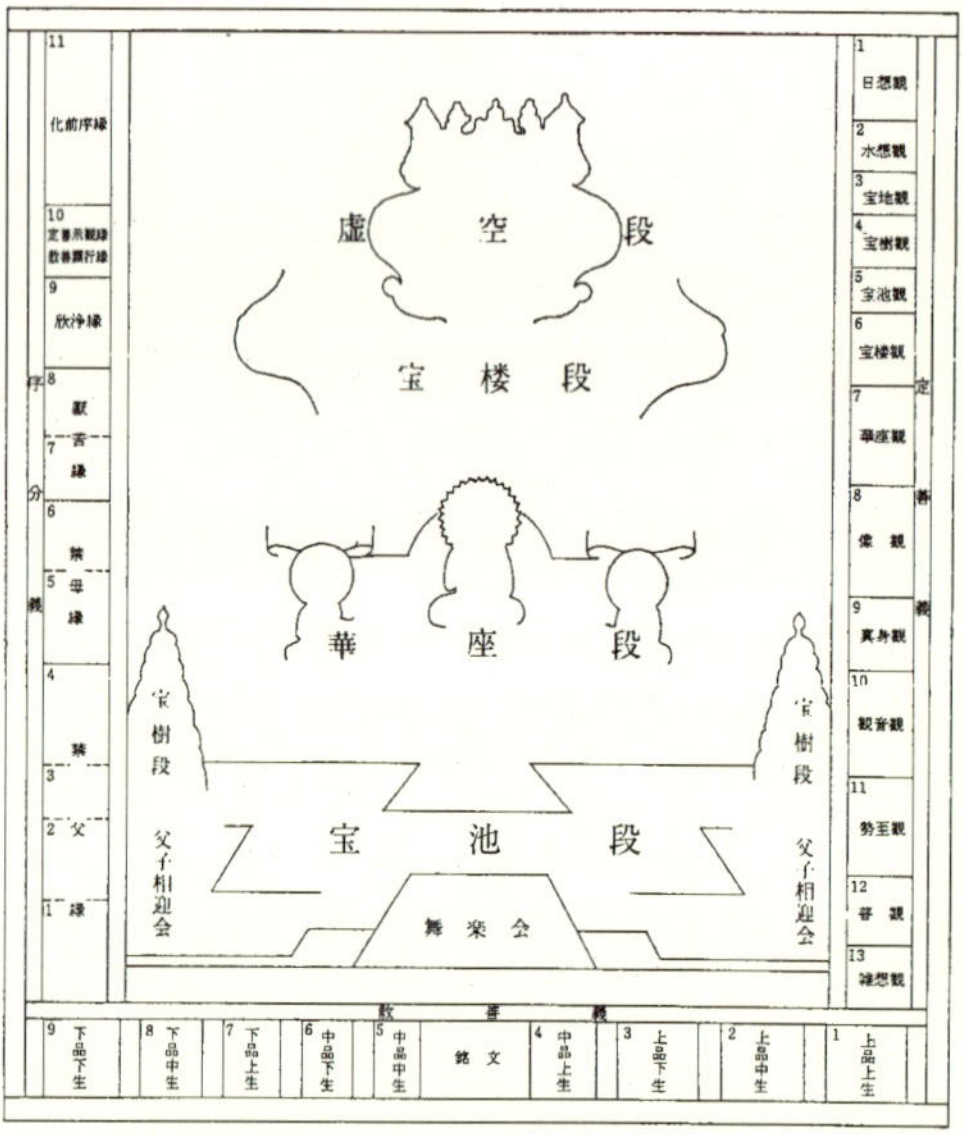

図72　当麻曼荼羅模式図

階で、中島から円弧を描くように投げ込まれたものと考えられる（図53参照）。使用による摩滅がないことから、なんらかの祭祀行為にともなって一度だけ使用され、その後投棄されたものであろう。

浄土庭園における中島は、西方の仏がおわす極楽浄土と東方の俗人が住む現世との中間に位置づけされ、現世の人間が西方極楽浄土の諸仏に近づき、先祖や自らの極楽往生を祈念するような儀式を行う場所であった。当麻曼荼羅図を見ると、阿弥陀三尊がおわす「華座段」の前面には「宝池段」があり、その手前に左右の岸辺から橋を通って渡る方形の舞楽会が描かれている（図72）。

発掘調査された遺構の例では、平泉無量光院の中島には三棟の礎石建物跡がならび、このうち西方の方形建物跡が舞楽殿あるいは拝所、中央および東方建物跡が楽屋あるいは楽器を置いた場所と推定されている。また、足利智光寺跡の調査では、中島の北東側で上面敷石の上に約一〇センチの厚さに粘土をつき固めた一辺約三・五メートルで正方形の遺構が確認されており、これも中島の上で舞楽等の儀式を行った場所であったものと考えられる。

樺崎寺跡中島周囲の園池中からは、かわらけの周囲に数本の杭跡も確認されており、中島の上に仮設舞台を造ってその上で儀式を行った後、かわらけを投げ入れた可能性があろう。「縁起」によれば、文永年中の足利家時の時代には舞楽曼荼羅供が行われ、実施が困難であったため程なく行われなくなったとの記述があり、この舞楽曼荼羅供を行った舞台が中島上の仮設舞台であり、その儀式で使用されたかわらけとは考えられないだろうか。今後、このような問題意識をもった調査が実施されるよう期待したい。

(二) 足利におけるかわらけ編年

前述したように、かわらけは中世遺跡から出土する素焼きの土器である。かわらけにはロクロを使用して成形した「ロクロ成形」のものと、ロクロを使用せず手づくねなどで成形した「非ロクロ成形」のものとがある。前者は、ロクロの上に粘土塊を載せ回転を利用して成形を行った後、底部を糸で切り離したため、底に糸切り痕が残されているが、後者にはそれがない。大きさや器形では、口径に比して器高が低い皿形のものと、器高が高い坏形のもの、口径が小さい小皿形のものとがある。

樺崎寺跡からは多くのかわらけが出土しており、市内の他遺跡から出土したかわらけを含めて、形や製作技法の変化を分析して年代順に並べ、編年されている。以下、十二世紀末～十五世紀前半頃までの編年を拙稿にもとづいて示したい(図73)。

1期（十二世紀末～十三世紀初頭）

残念ながら樺崎寺跡からは、当期に該当するかわらけは出土していない。市内の他の遺跡では、非ロクロ成形のものが、足利公園古墳群中の土壙

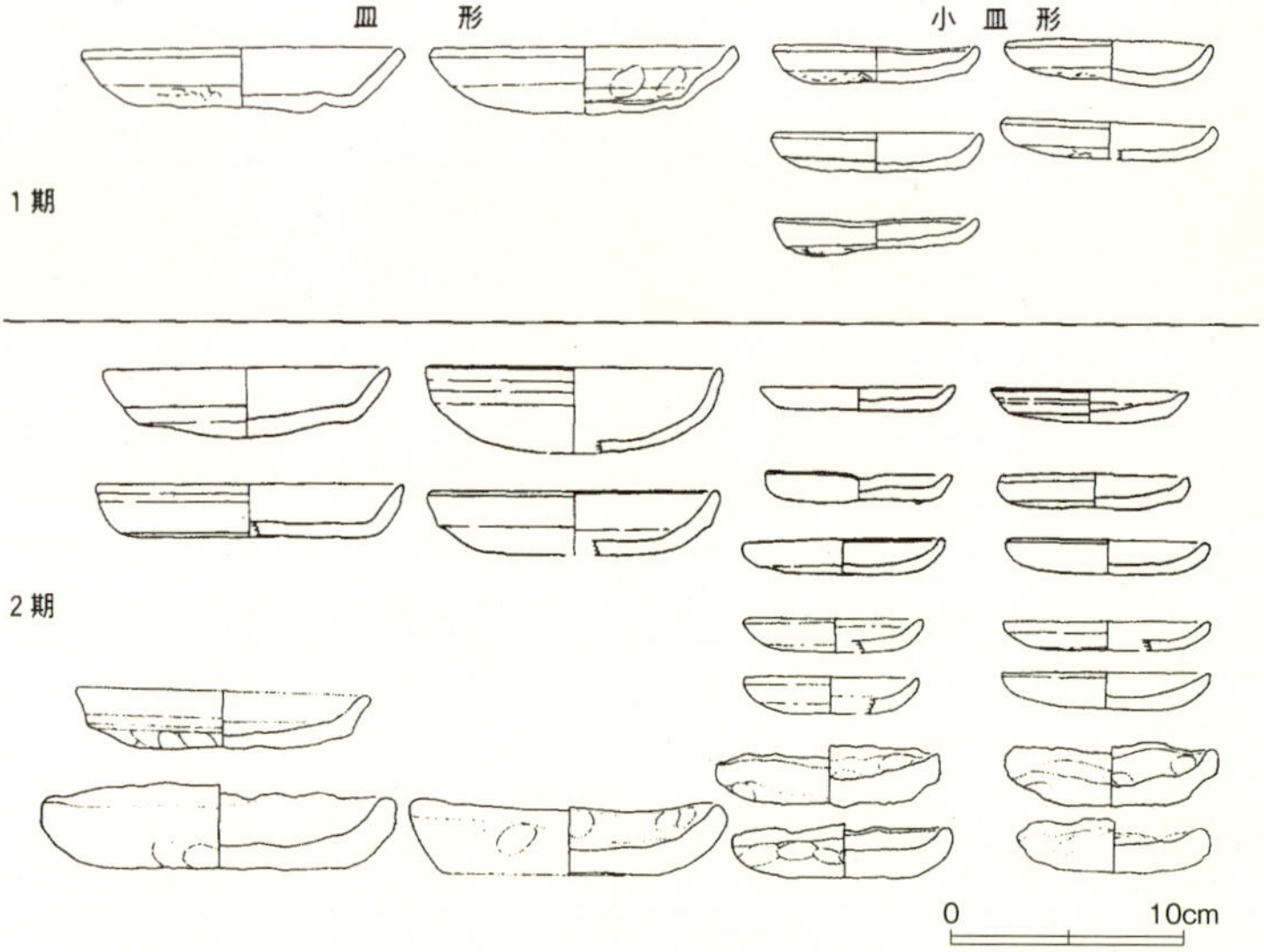

図73ー1　足利市域におけるかわらけ編年表1（非ロクロ成形）

内から皿形二枚、小皿形五枚が一括で出土している（図7参照）。皿形は、口径が一三センチ以上あり、器高は低く、底部は平底状で、口縁端部を角ばらせ、口縁部外面の横なで痕を明瞭に残すなどの古い特徴がある。小皿形は、器高が低く、横なで痕を明瞭に残す。

ロクロ成形のものは、市域西端小俣町の町屋遺跡から出土している。皿形は、底部が厚く、体部は長くゆるやかに内湾する。小皿形は底部が厚く、体部は少し内湾し、口縁端部に向かってしだいに薄くなる。口縁端部をシャープに丸める。

2期（十三世紀前半〜中頃）

非ロクロ成形のものは、町屋遺跡と板倉中妻居館跡、樺崎寺跡小字「ダイモン」周辺から出土している。皿形のものは、1期に比べて口径が小さく、器高が高くなり、底が丸くなる傾向がある。口縁部は横になでるが、体部との境が不明瞭とな

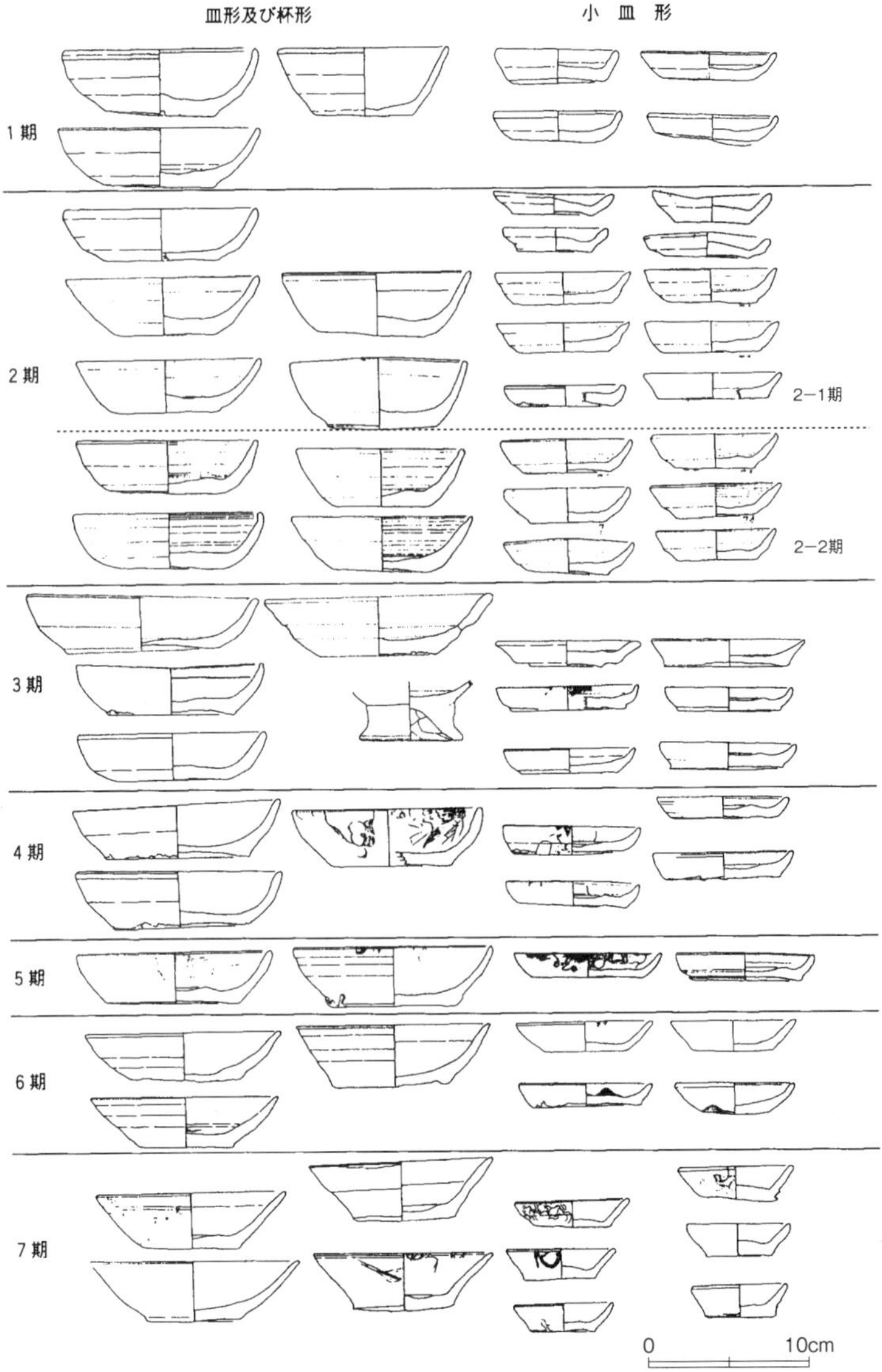

図73−2　足利市域におけるかわらけ編年表2（ロクロ成形）

る。小皿形のものは、口縁端部を丸める、横なでをした口縁部と体部との境が不明瞭になるなど、1期のものからやや崩れた様相を呈する。

樺崎寺跡の約二五〇㍍南に位置する小字「ダイモン」周辺からは、手づくね成形で皿形のかわらけの他、手づくね成形のように形が整わない、手でこねて成形した皿形と小皿形のかわらけが出土している。市内はもちろん、他地域でも類例がなく、年代を推測するのが困難であるが、皿形のものは、口径が大きく、器高が低いため、非ロクロ成形のかわらけとしてはあまり新しくならず、本期に入れている。もともと樺崎寺跡は、ロクロ成形のかわらけがほとんどを占め、非ロクロ成形のかわらけはごくわずかであるが、市域全体を見渡しても本期で非ロクロ成形のかわらけはなくなっていく。

ロクロ成形のものは、町屋遺跡、樺崎寺跡のものをとりあげる。皿形および坏形のものは、底部が厚く、ゆるやかに内湾しながら立ち上がる体部をもち、底部内面の調整は、2―1期のものは無調整、2―2期のものは外周を軽く円形になで、中央部をくぼませる。小皿形のものはこれらを小型化した特徴を示すが、1期に比べると体部が外傾気味になり、また、内湾しなくなってくる。

3期（十三世紀後半〜末）

非ロクロ成形のかわらけは、良好な資料がみられなくなる。これは、北武蔵と類似した傾向である。ロクロ成形のものは、樺崎寺跡小字「ダイモン」周辺から出土したもの、および樺崎寺跡のものをとりあげる。底部厚と体部厚がほぼ均一化し、体部は内湾して中位に屈曲点を有する。小字「ダイモン」周辺出土のかわらけは、口径が大きく、体部は長くやや内湾し、底部内面無調整のもので、古い特徴を残す。また、樺崎寺跡のものは口縁端部をやや尖らせる。小皿形は2期に比べて底径が大きく、器高が低くなり、体部は内湾して口縁端部をやや尖らせる特徴をもつ。

4期（十四世紀初頭～前半）

樺崎寺跡出土のロクロ成形の資料である。3期同様、底部と体部厚がほぼ均一化し、内湾する体部は、中位に屈曲点をもつ。口縁端部を丸く仕上げ、底部内面を横なでする。小皿形は、体部の内湾が鈍くなり、厚みが増し、口縁端部を丸く仕上げる。

5期（十四世紀中頃）

樺崎寺跡出土のロクロ成形の資料である。体部は短く内湾が鈍くなり、中位にあった屈曲点も明瞭ではなくなる。口縁端部は丸く仕上げられる。小皿形には、やや器高が高くなる傾向があり、体部の内湾はほぼなくなり、口縁端部は丸く仕上げられる。

6期（十四世紀後半～末）

樺崎寺跡出土のロクロ成形の資料である。体部は外側に向かって直線状に長く開く。体部中位付近では、やや内湾する屈曲点が残る。底部内面は、見込み部と体部との境が不明瞭である。小皿形のものは、口径が小さく、器高はやや高くなり、体部は直線状に開く。

7期（十五世紀初頭～前半）

樺崎寺跡出土のロクロ成形の資料である。体部は外側に向かって直線状に長く開く。6期にあった体部中位付近の屈曲点はなくなる。底部内面は、見込み部と体部との境が明瞭に形成される。小皿形のものは、口径がさらに小さく、器高もさらに高くなり、体部は直線状に開く。

以上十二世紀末～十五世紀前半にかけての足利市域におけるかわらけ編年を示した。ロクロ成形のかわらけを軸として、型式的な変遷をたどれることが確認された。2期と3期とに型式的な隔たりがあり、今後その意味と編年の精査が必要である。小山市域などでは多く、かつ継続的に出土する非ロクロ成形のものについては、足利市域においては、型式的な変化が乏しく、北武蔵と同じように十三世紀中頃～後半には使用されなくなっているものと考えられる。樺崎寺跡では、小字「ダイモン」周辺から手づくねおよび手ごね成形のものが出土しているが、史跡指定地内の発掘調査では数片しか出土しておらず、ほとんど使用されなかったものと考えられる。鎌倉などでは、非ロクロ成形のものを「京都系かわらけ」と呼ぶが、京都系のかわらけはほとんど使用されなかったということになる。

非ロクロ成形のかわらけが多く出土するのは、足利公園古墳群や町屋遺跡、板倉中妻居館跡など市域の中央から西部の地域にかたよっている。源姓足利氏による足利西部の支配が足利泰氏以降のことであったとすると、非ロクロ成形のかわらけは、足利氏の支配領域以外の地域に普及していたという可能性もあり、その意味を考える必要があろう。2期に見られる手ごね成形のかわらけや、中空状の高台をもつかわらけの出自の検討も今後の課題である。

3　舶載陶磁器

中世の日本では磁器を製作する技術がなく、中国や韓国から輸入されたものが使用されていた。舶載品のため貴重なものではあったが、碗や皿などの小型品は、中世遺跡の発掘調査を実施すると数片出土することが多い。一方で四耳壺や梅瓶などの壺・瓶類は出土量が少なく、有力な権力者だけしかもつことができない威信材として鎌倉武士に好まれていたようだ。

樺崎寺跡からは、一三〇点以上と多くの舶載陶磁器が出土しており、鎌倉幕府の有力御家人であった足利氏の財力の豊かさをうかがい知ることができる。これらの特徴と制作時期により、以下、『概要』の記載にもとづいて六つの群に分け、その様相を記したい（図74）。

1群（十二世紀後半～末）

玉縁口縁の白磁碗Ⅳ類、端反り口縁の白磁碗Ⅴ類、白磁や青白磁の四耳壺等、青磁を含まない白磁や青白磁からなる組成。奥州平泉遺跡群と並行する時期の舶載陶磁器である。五点出土しているが、うち三点は四耳壺で、一点は底部の破片、残り二点は、ほぼ完形で園池北側の平場より並んで出土した青白磁の四耳壺である。また、玉縁口縁、端反り口縁の白磁碗がともに園池堆積土内より出土している。

2群（十二世紀末～十三世紀前半）

同安窯系青磁、無文の龍泉窯系青磁碗Ⅰ―1、内面に劃花文を有する龍泉窯系青磁碗Ⅰ―2・4類、小碗Ⅰ―2類、皿Ⅰ―2b類の組成で、鎌倉幕府の成立期に流行した青磁群。一五点あり、うち一二点は樺崎川東の掘立柱建物跡（建物8）周辺より出土している。建物8が、寺院を運営する人の住房的な場として鎌倉時代初頭から使用されていたことを示す遺物である。この他、1群の四耳壺と同じ土壙から出土したもので、それぞれのふたとして使用されていたと考えられる青磁が二個体ある。ひとつは、見込み部に櫛状の工具で花文を施した龍泉窯系青磁碗Ⅰ―2b類で、もうひとつは口縁部に輪花を有し、体部内面を片彫りの線で五分割する劃花文の龍泉窯系青磁小碗Ⅰ―2類である。

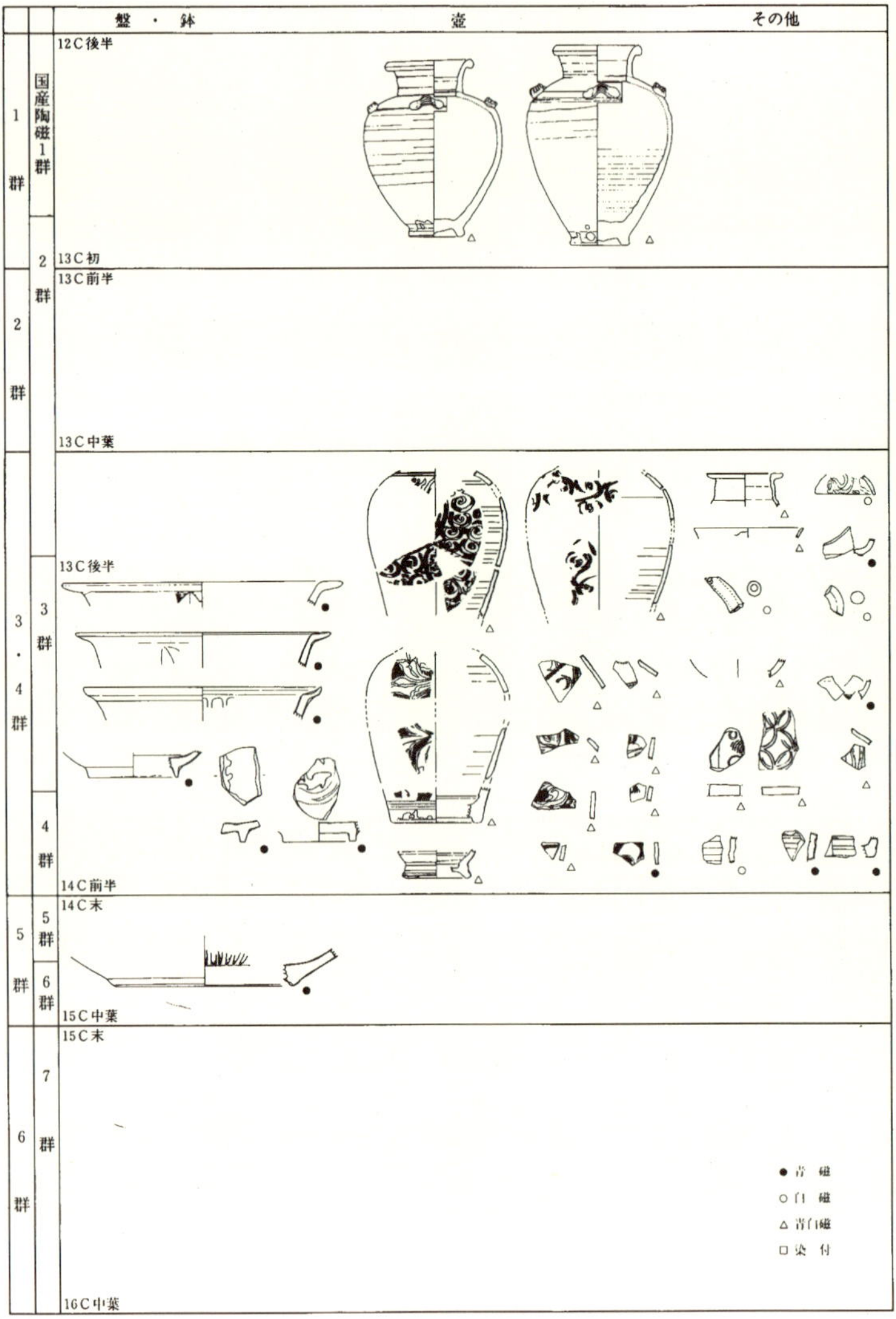

図74－1　樺崎寺跡出土舶載陶磁器編年表1

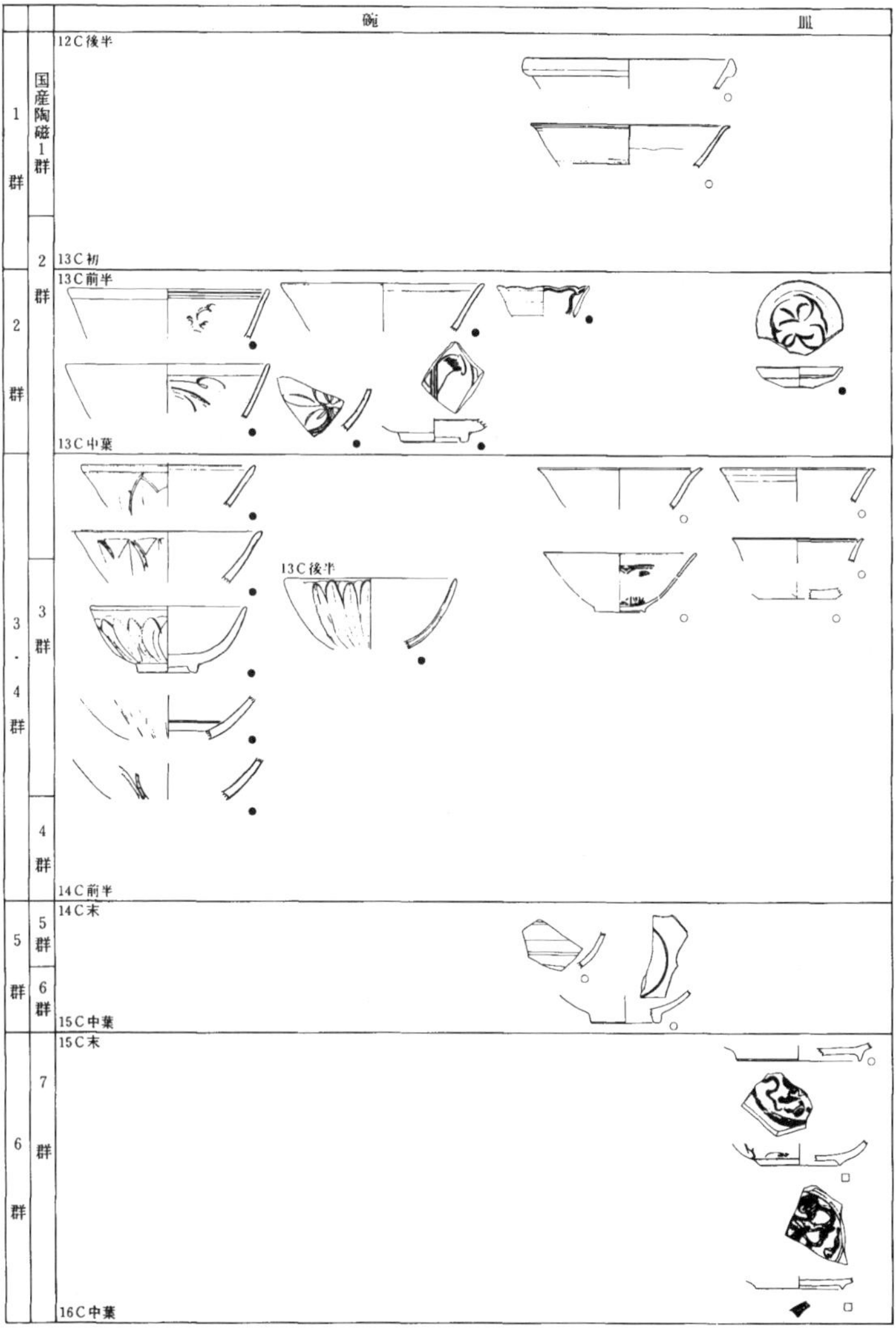

図74－2　樺崎寺跡出土舶載陶磁器編年表2

3群（十三世紀中葉〜十四世紀前半）

体部外面に鎬蓮弁文を有する龍泉窯系青磁碗Ⅰ―5類、双魚文青磁坏、口禿げの白磁碗・皿Ⅸ・Ⅹ類および青白磁の梅瓶・陶枕等の組成。とくに青白磁の梅瓶や陶枕は、希少なものである。六四点出土しており、樺崎寺跡の舶載陶磁器はこの時期に出土量、機種構成ともにもっとも豊富となる。とくに多いのは、下御堂等が建つ園池北側の平場とその北側の辻部屋の区域である。注目されるのは、下御堂周辺から出土した舶載陶磁器のうち被火痕がみられるものが少なからずあることで、文献によって正安元（一二九九）年に焼失したとされる下御堂周辺では、出土遺物においても火災の痕跡を確認することができる。

4群（十三世紀後半〜十四世紀前半）

釉が厚く体部外面に幅の狭い蓮弁文を有し、高台が小さく断面逆三角形を呈する龍泉窯系青磁碗Ⅲ類、青磁の折縁盤および梅瓶の組成である。全体で一九点出土している。

5群（十四世紀後半〜十五世紀中葉）

端反り白磁碗の古相、青磁折縁盤の新相、本遺跡未確認の篦描き蓮弁文あるいは雷文を有する龍泉窯系青磁碗を包括した組成。わずか三片と出土量が少なく、出土した場所も、十四世紀後半以降に住坊的な地区となる遺跡の北部および北東部に限られている。

6群（十五世紀末〜十六世紀中葉）

染付、白磁碗・皿中心の組成。5群と同じように遺跡の北部および北東部の住坊地区で、染付二点、白磁皿一点が出土している。

以上、舶載陶磁器の出土状況でとくに注目されることは、白磁・青白磁の四耳壺および青白磁・青磁の梅瓶などいわゆる壺・瓶類が多く出土していることである。破片から推定される個体数は、一二個体におよび、他の中世遺跡と比較しても卓越している。中世における支配階級の威信材であった壺・瓶類を多く保有していたことは、本遺跡が鎌倉幕府の有力御家人であった足利氏と密接な関係をもつことの証でもあり、足利氏の豊富な財力を物語るものでもあろう。

4　国産陶磁器

中世になると、日本列島の各地において、現在まで続いている有名な焼物の生産地が登場する。これは、水陸両運送の発達によって物資の流通がさかんとなり、専門工人が継続的に生産をするだけの消費が確保されることによって、安定した焼物の生産地として各地の窯業生産地が確立されたからである。

樺崎寺跡から出土した国産陶磁器には、渥美・常滑、瀬戸・美濃、肥前等および在地産の瓦質土器がある。このうち、渥美とは、静岡県西部から愛知県東部の渥美半島にかけて生産された焼物で、十二世紀をピークとして十三世紀まで生産された。一方、常滑は、愛知県常滑半島、瀬戸は、愛知県瀬戸地方、美濃は、岐阜県美濃地方を主な生産地とする焼物で、十二世紀以降今日まで継続している生産地である。さらに肥前は、佐賀県有田地方で生産される焼物で、近世の初めから焼かれた磁器である。ここでは、『概要』をもとに各時期に出土遺物が見られる常滑製品の赤羽・中野編年を中心として九群に分け、また用途別、機種別に分類して、その様相を確認したい。用途別の分類は、貯蔵具（甕、壺）、調理具（鉢、内耳土器、ほうろく、火鉢、おろし皿）、食膳具（入子、小皿、皿、碗、天目茶碗）、仏具（香炉、護摩壇

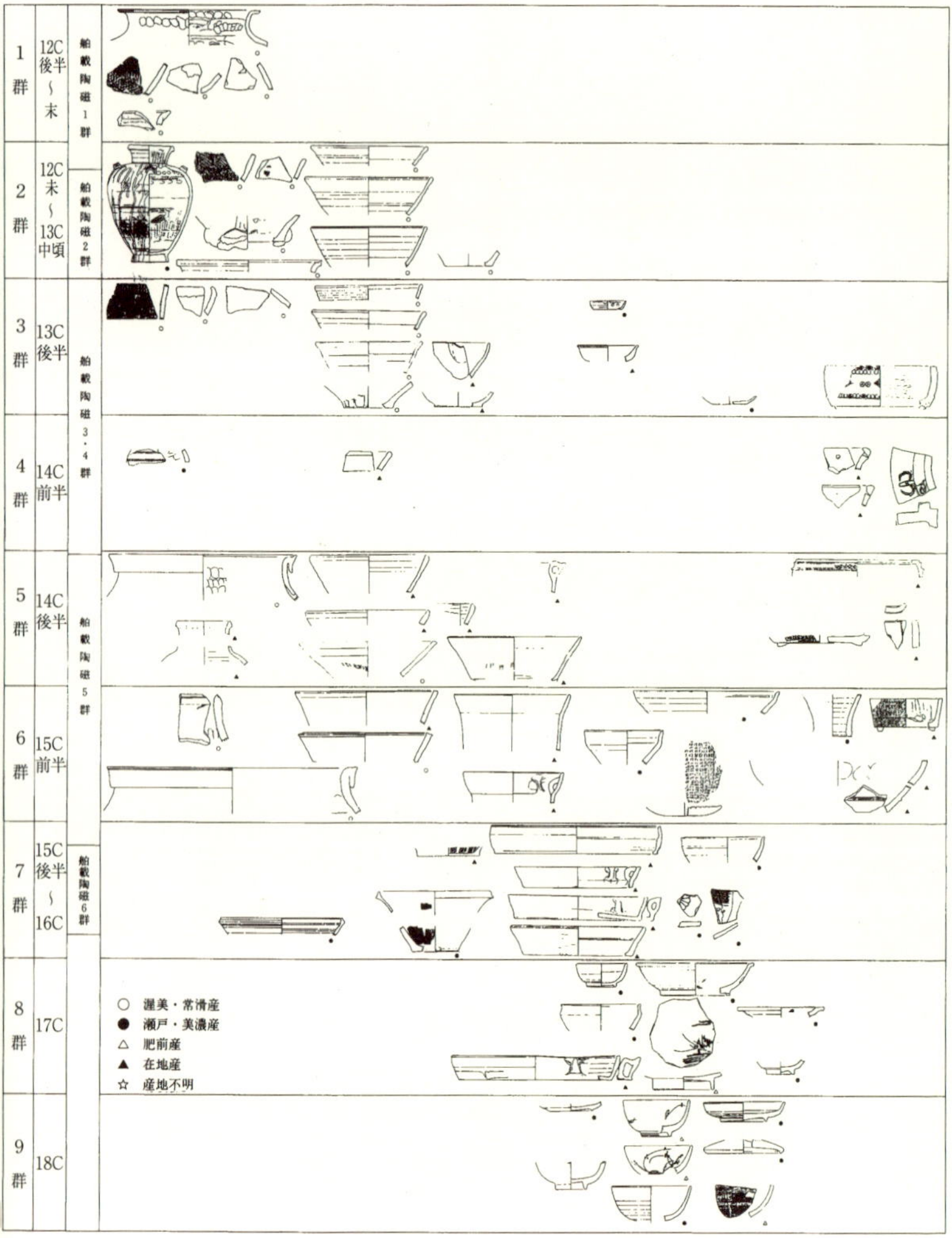

図75　樺崎寺跡出土国産陶磁器編年表

の炉縁、花瓶）、蔵骨器（四耳壺、瓶子、在地産の小型壺）等である（図75）。

1群（十二世紀後半～末）

常滑編年三期にあたる。園池北側の平場およびその北側、北部の遺構群、さらに樺崎川東側の広場から貯蔵具である渥美産の甕が四片、常滑産の甕が一片出土している。下御堂（建物9）周辺から出土した渥美産の甕は、もともとは貯蔵具だが、蔵骨器の外容器として使用された可能性もある。

2群（十二世紀末～十三世紀中頃）

常滑編年四・五期にあたる。出土地点が広範囲に広がるとともに機種も増え、また瀬戸・美濃製品が出現する。園池北側の平場およびその北側、北部の遺構群、ならびに樺崎川東側の北東部の遺構群や広場などから貯蔵具である常滑産の甕・壺、調理具である常滑産の片口鉢が出土している。また、足利氏廟所跡（建物16）の周辺からは、蔵骨器として使用された瀬戸産の四耳壺が出土している。

3群（十三世紀後半）

常滑編年六期にあたる。出土地点がさらに広がるとともに、機種が増え、また在地産の瓦質土器が登場する。園池内や園池北側の平場およびその北側、北部の遺構群、ならびに樺崎川東側、北東部の遺構群や広場などから貯蔵具である常滑産の甕・壺、調理具である常滑産および在地産瓦質土器の鉢（片口鉢）、食膳具である瀬戸・美濃産の入子・灰釉系小皿、在地産の小皿などが出土している。常滑甕のなかには漆を使用して割れた部分を継いだものもあり、修繕をしながら長期使用した様子がうかがえる。園池中島の盛土内からは、在地産と考えられる須恵質の片口鉢口縁部が出土している。器厚が薄く、端部がまるめられ、ゆるやかに内湾するなど、当該期の常滑産鉢の特徴と類似する。

4群（十四世紀前半）

常滑編年七期にあたる。出土量は少ない。蔵骨器として使用されたと考えられる瀬戸産の瓶子、在地産の小型壺や、調理具である在地産の片口鉢・盤形火鉢がある。園池北側の建物9～建物12の間の敷石広場からは、産地不明であるが、焼成は瓦と同じで三鈷杵が陰刻された護摩炉の炉縁が出土している。建物9周辺からは、これと組み合うと考えられる火を受けたるつぼ形の土製品が出土しており、組み合わせて建物9の護摩壇上で使用されていたものと考えられる。

5群（十四世紀後半）

常滑編年八期にあたる。貯蔵具である常滑産の甕、調理具である常滑産および在地産の鉢・内耳土鍋・盤形土器・内耳土器・火鉢、産地不明の火鉢がある。調理具は常滑産が減少する一方、在地産の製品が増加する。在地産の瓦質土器が増え、新たに内耳土鍋が登場する。

6群（十五世紀前半）

常滑編年九期にあたる。貯蔵具である常滑産の甕、調理具である常滑産の鉢、在地産の鉢・内耳土鍋・風炉、食膳具として瀬戸産の平碗・天目茶碗、瀬戸産のおろし皿、仏具である瀬戸産の花瓶、在地産の香炉が出土している。

7群（十五世紀後半～十六世紀前半）

常滑編年一〇・一一・一二期にあたる。樺崎川の東西に広がる北部遺構群から出土している。調理具である瀬戸・美濃産のすり鉢、在地産のすり鉢や内耳土器、食膳具である瀬戸産の天目茶碗、灰釉皿、おろし目付き大皿が出土している。

8群（十七世紀）

江戸時代前期に属する陶磁器群である。樺崎川の東側、北東部の遺構群周辺から、調理具として在地産のほうろく、食膳具として瀬戸産の白天目茶碗・小碗・折縁皿、肥前産の京焼風陶器皿などが出土している。

9群（十八世紀）

江戸時代中期に属する陶磁器群である。8群と同じように樺崎川東、北東の遺構群周辺より、食膳具である瀬戸産の灰釉皿、美濃産の尾呂茶碗・すり絵皿・蓋、肥前産のくらわんか碗・鉢等が出土している。樺崎川東・北東の建物群から江戸時代の遺物が継続して出土するのは、この地で域は江戸時代になっても継続して堂宇が建てられたためと考えられる。

5　樺崎寺の変遷

文献史料や考古資料の中から大規模な改修や焼失など、年代がわかる資料を抜き出し、さらに出土遺物の時期区分を参考にしながら樺崎寺跡の変遷の時期区分を行う。なお、ここで説明するⅠ～Ⅵ期は遺構の様相からの区分であり、遺物も含めた総体的な変遷はA～F期としてまとめられる（図76）。以下とくに注記のない記載は、「縁起」より引用している。

Ⅰ期（十二世紀末～十三世紀前半）（A期）

樺崎寺は、一一八九（文治五）年の奥州平泉への出陣に際し、桜野という使者を使わして戦勝祈願のため伊豆走湯山の理真房朗安に寺院の建立を依頼したのが始まりとされる。開基は足利義兼、開山は理真房朗安。その後、一一九三（建久四）年十一月六日の願文がある三尺皆金色の大日如来坐像（真如苑蔵）が安置され、祀られた堂である下御堂（法界寺）もこの頃建立されたものと考えられる。一一九六（建久七）年～一二〇二（建仁

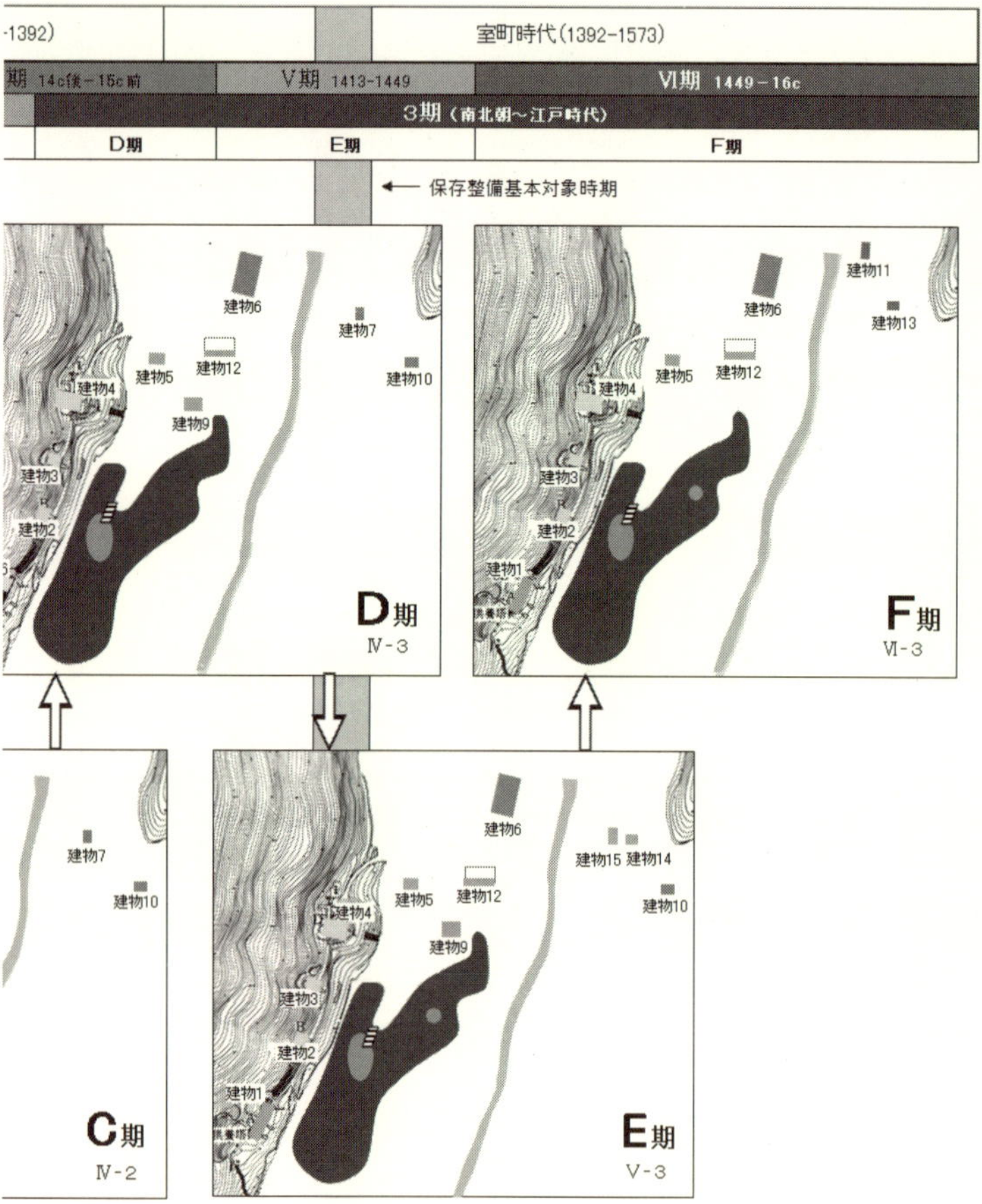
-1392)
室町時代(1392-1573)
期 14c後-15c前
V期 1413-1449
VI期 1449-16c
3期(南北朝~江戸時代)
D期
E期
F期
保存整備基本対象時期
建物6
建物7
建物12
建物5
建物10
建物4
建物9
建物3
建物2
D期
IV-3
建物11
建物13
建物6
建物5
建物12
建物4
建物3
建物2
建物1
F期
VI-3
建物7
建物10
C期
IV-2
建物6
建物15
建物14
建物5
建物12
建物10
建物4
建物9
建物3
建物2
建物1
E期
V-3

跡変遷図

変遷＼時代	鎌倉時代(1192-1333)			南北朝時代(1333-
遺構	Ⅰ期 1189-13c中	Ⅱ期 13c中-1299	Ⅲ期 14c前-14c中	Ⅳ
園池	1期(鎌倉時代)		2期(鎌倉後期～南北朝時代)	
変遷	A期		B期	C期

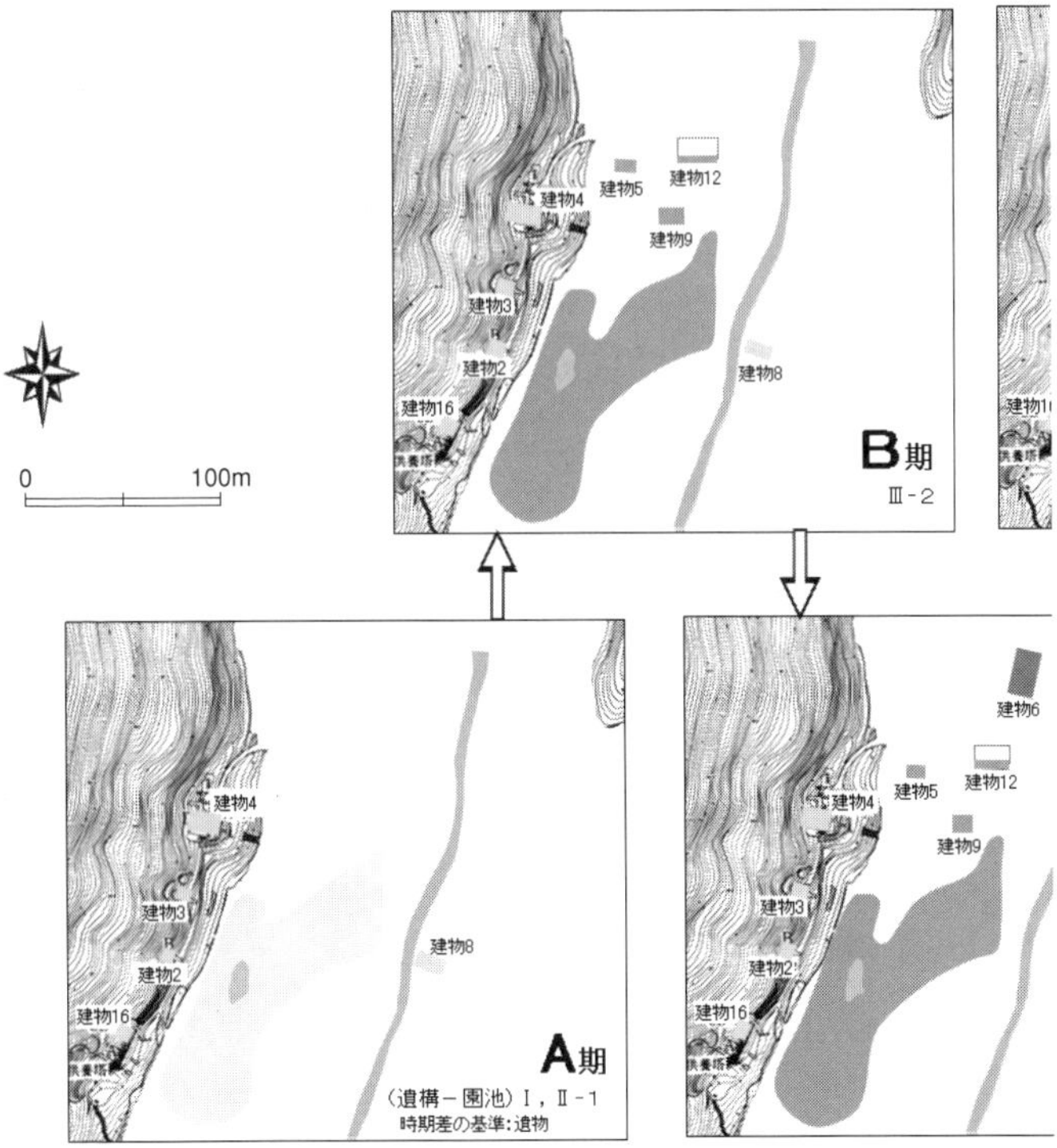

図76 樺崎寺

二）年には法円房隆験が二世住持を勤めた。一切経蔵は、この隆験の廟所とされる。

足利義兼は、一一九五（建久六）年三月十二日の復興総供養の後に、奈良東大寺にて出家。「樺崎八幡宮縁起」によれば、この頃厨子入り大日如来像（光得寺蔵）が造られ、義兼は、それを背負って諸国を行脚し、足利へ戻ったと伝えられる。晩年はこの像を樺崎寺の一堂（現在樺崎八幡宮がある平場）に置いて念仏三昧の日々を送る。

一一九九（正治元）年三月八日足利義兼入定。念仏三昧を行った堂は朱丹で塗られ、赤御堂と呼ばれて義兼の廟所となる。樺崎八幡宮は、義兼入定の地の上に足利義氏が建立したものと伝えられ、現在でも床下に「足利義兼公御廟」の木柱が立つ。

一二〇二（建仁二）年～一二二六（嘉禄二）年までは、證明房重禅が三世住持を務める。一二二六年からは、熱田弁僧都重弘が四世住持を勤め、住持職は寺務職とされた。重弘は、叔父鷹司禅門の菩提を弔うために多宝塔を建立。竹内地蔵堂の本尊（光得寺蔵の黒地蔵）は、重弘の等身像であるという。

出土遺物としては、瓦（Ⅰ期）、かわらけ（2期）、船載陶磁器（1、2群）、国産陶磁器（1、2群）、遺構としては、赤御堂への石段（5SX―12）、建物3（多宝塔）、建物16、建物12、園池（第一期）、建物8などが確認されている。

Ⅱ期（十三世紀中葉～一二九九年の火災）（A期）

下御堂は、一二九九（正安元）年に焼失したとされ、これまでを二期とする。文永年中（一二六四～一二七五）には足利家時の指示により一切経会が始まり、義兼の命日である三月八日には舞楽曼荼羅供が行われたが、程なくやめたとされる。一二七一（文永八）年の「沙弥重圓奉書写」（鑁七四）には、大御堂の一切経会にて樺崎殿が持金剛を務めたとされ、樺崎寺住持が鑁阿寺の法会に参加していたことが確認できる。

出土遺物としては、瓦（Ⅱ期）、かわらけ（3期）、舶載陶磁器（3、4群）、国産陶磁器（3群）、遺構としては、基本的にⅠ期の建物が踏襲されている。建物2は、足利義氏供養塔とされる五輪塔の覆屋としてこの頃建てられたものか。足利氏御廟跡では、建物16の他に義兼供養塔とされる石造層塔が建てられ、周辺より瓦（Ⅱ期）も出土していることから、覆屋も造られた可能性がある。北部遺構群の下層からは、土壙群が出土しており（5SX—03等）、建物が建てられる以前は墓域であったことが確認できる。

Ⅲ期（十四世紀初頭～中頃）（B期）

十四世紀初頭には、正安元年に焼失した下御堂（法界寺）にかわって鑁阿寺の堀の内にあった地蔵堂を移設、改築し宝幢院下御堂として再建する。鎌倉幕府の滅亡、足利氏による室町幕府の成立を受けて、八世住持仁木大僧正頼仲の一三三四（元弘四）年には鎌倉鶴岡八幡宮、鑁阿寺、そして樺崎寺の寺務が兼帯となる。一三五四（文和三）年十二月十二日には足利尊氏が樺崎寺別当僧正御房にあてて天下静謐の祈祷を依頼している（鑁六〇二）。

出土遺物としては、瓦（Ⅲ期）、かわらけ（4、5期）舶載陶磁器（3、4群）国産陶磁器（4群）があげられる。遺構としては、新たに建物9（宝幢院下御堂）、建物5（地蔵堂）等が建てられる。建物3（多宝塔）は、瓦（Ⅲ期）葺に変更される。足利氏廟所では、引き続き五輪塔が造立されるとともに、覆屋である建物17も建立される。園池も、北岸の岬が南へ伸びるなどの変化がある（園池第二期）。

Ⅳ期（十四世紀後半〜十五世紀初頭）（C期・D期）

一四一三（応永二十）年の足利氏御廟改修の前までを本期とする。文献上の記載はないが、光得寺五輪塔のうち、小型のものの中に一三五一（観応二）年二月二十六日に観応の擾乱で滅んだ高師直（前武州太守道常大禅定門）の供養塔や一三七一（応安四）年銘の南宗継（月海円公大禅門）供養塔などがあり、足利氏の総領だけではなく家臣団の五輪塔も建てられていったことが確認される。

出土遺物としては、瓦（Ⅲ期）、かわらけ（6期）、船載陶磁器（5群）、国産陶磁器（5群）があげられる。遺構としては、樺崎川東の建物8や敷石広場が廃絶され、上を洪水による土砂層が覆っている。これは、樺崎川が土砂を運び、水位が上昇したため、氾濫を頻繁に受けるようになったためと推定される。と同時に園池にも大きな改修がある（園池第三期）。溜まったヘドロを中島や岬等の周辺に盛り上げ、傾斜角のきつい洲浜に変更し、水位も約三〇センチかさ上げする。園池改修の前がC期、後がD期としている。樺崎川の東側にあった寺院を運営する住房の機能は、地形的にやや高く安定した遺跡全体の北側に移動する（建物6、7、10等）。足利氏御廟では、引き続き五輪塔群が建てられている。

Ⅴ期（十五世紀前半〜中頃）（E期）

一四一三（応永二十）年の改修から一四四九（宝徳元）年の火災による宝幢院下御堂の焼失までの時期である。この一四一三年の諸堂整備は、大事業であったと考えられ、当該期の瓦（Ⅳ期）は、西側八幡山山麓のすべての建物跡周辺から出土している。一四二一（応永二十八）年には、樺崎法界寺道場において三代鎌倉公方足利満兼の十三回忌追善ならびに御廟供養が行われており（鑁一〇九)、これに先立つ諸堂整備であったと考えられる。翌一四二二(応永二十九)年には、宥俊から俊助へ樺崎辻部屋職などを譲渡すとの譲状(鑁一六一)が発行されており、樺崎寺に辻部屋職があったことが確認される。

一四三〇(正長三)年には、四代鎌倉公方の足利持氏が鑁阿・樺崎両寺寺領の所役免除ならびに政所方の不入を認める御教書を発行しており、鎌倉公方が両寺の運営に対して特段の配慮を行っていたことが確認される。さらに「鑁阿寺樺崎縁起并仏事次第」も峰岸純夫によって永享年間(一四二九~四一)に書かれたものとされ、樺崎寺跡の様相を知るための貴重な史料である。文安年間(一四四四~四九)に出されたとされる「左衛門尉久豪書状」(鑁二六)によれば、赤御堂殿御池と書かれており、樺崎寺の園池が赤御堂殿(足利義兼)の池としてこの頃まで認識されていたことが確認される。

出土遺物としては、瓦(Ⅳ期)、かわらけ(7期)、国産陶磁器(6群)があげられる。遺構としては、一〇基の五輪塔の覆屋である足利氏御廟(建物1)の建立や、建物14、15の建立などが行われている。

Ⅵ期(十五世紀後半~十六世紀)(F期)

一四四九(宝徳元)年の火災による下御堂焼失以降の段階である。園池岬の東方には周囲をチャートの割石によって護岸した島が造られる。周囲の堆積土から出土した木札片には「享徳三(一四五四)年九月二日」の墨書があり、島の上に建てられた建物の棟札等と考えられ、園池内に新たに島が造られたのはこの頃であったと考えられる。一五三三(天文二)年の「権大僧都宥譽譲状案」(鑁一一)によれば、樺崎辻部屋職が引き継がれていることが確認される。

当該期を示す遺物は、瓦（V期）、船載陶磁器（6群）、国産陶磁器（7群）がある。遺構としては、前代のものが引き継がれるが、樺崎川辻橋の北東部では、建物11や13など継続して建物の建て替えが行われ、発展がみられる。辻橋の北東の遺構群は、十八世紀まで継続する。

V　めずらしい出土遺物

1　三鈷杵文軒平瓦

三鈷杵とは、密教で、煩悩をくだき悟りを妨げるものを払う法具の一つである。密教寺院では、護摩を焚く時などに使用され、フォークのように尖った爪が両端に三本ずつ付いていることからこの名前がつけられた。同じような形状で両端の爪が一本のものと五本のものとがあり、それぞれ独鈷杵および五鈷杵と呼ばれている。もともとの発祥の地であるインドでは戦いの際に武器として使用されたこともあり、邪悪なものを打ち払う霊力があるものとされている。

樺崎寺跡からは、この三鈷杵を文様とする軒平瓦が多数出土している。この文様の瓦は、市内では樺崎寺跡の他に下野国一社（八幡）八幡宮からの出土が知られ、こちらは、三鈷杵を瓦当面の中央に一個だけ配置したものと推定される（図77）。この文様は、全国的にみても出土例がきわめて少ない希少なもので、足利以外の出土例では、遠く離れた京都府の石清水八幡宮と六波羅蜜寺の二カ所しか知られていない（図78）。前田義明の近年

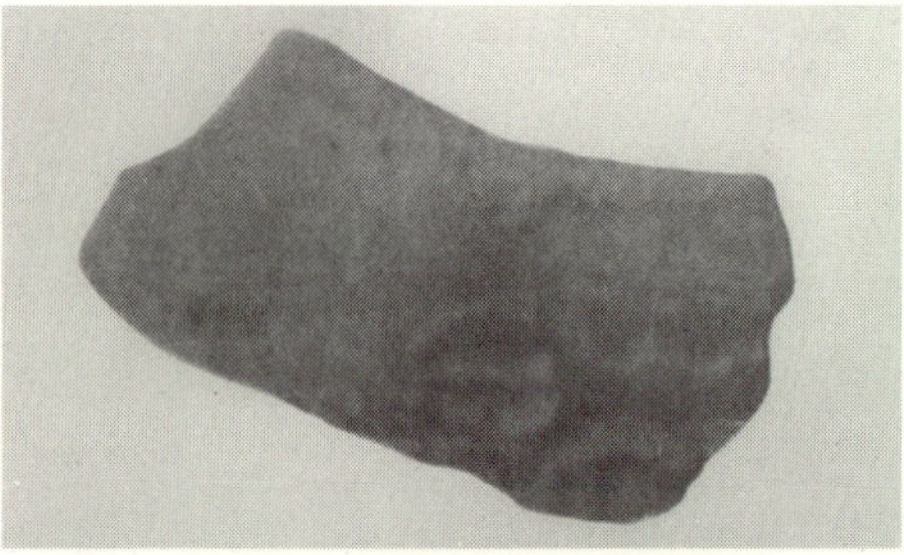

図77　下野国一社八幡宮出土三鈷杵文軒平瓦

図78　六波羅蜜寺出土三鈷杵文軒平瓦（個人蔵）

の研究によれば、京都のものはすべて瓦当面の中央に一個三鈷杵を配置したもので、十一世紀後半～十二世紀前半頃に盛行したものとされる。また、その生産地は、一部が京都産で、他は讃岐産の可能性が高いという。

　これに対し、樺崎寺跡出土の三鈷杵文軒平瓦は瓦当面に三鈷杵が二個並べて配置されるもので、三鈷杵は図案化されておらず、立体的に忠実に表現されている（口絵参照）。瓦当面は中世瓦に特徴的な平瓦に顎を貼り付ける技法によって付けられており、京都において作られた年代よりもやや新しい十二世紀末～十三世紀前半頃に位置づけられる。なお、下野国一社八幡宮出土とされるものは、樺崎寺跡出土品より古い様相を呈する。

　三鈷杵文軒平瓦は、今日まで鎌倉では確認されておらず、京都でもきわめて限定された社寺でしか出土していない。東国では足利だけに伝わったものと考えられ、京都から直接波及した可能性が高い。それには瓦工人の交流があったものと推定され、開基である足利義兼、あるいは開山である理真の特別な人脈が想定される。

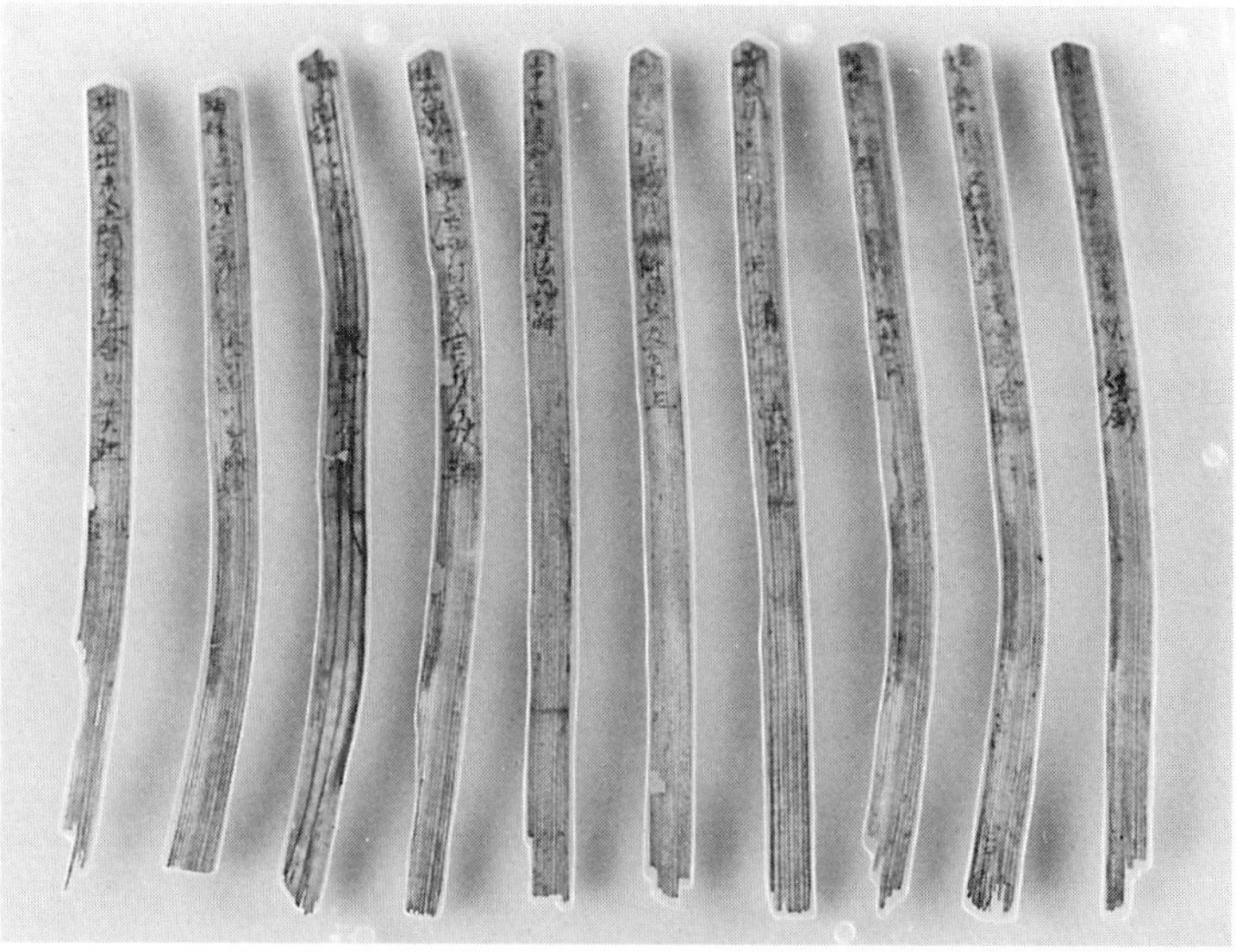

図79　樺崎寺跡出土柿経

2　柿　経

柿経は、薄く細長い木製の板の頭部を山型などに切り、経文を書写したもので、十二世紀後半から十八世紀前半にかけて作成された。表裏両面に写経したものと片面だけに写経したものとがあるが、一般に両面のほうが古く、十五世紀前半頃には片面のみになったと言われている。奈良元興寺では、中世に写経した二千枚の柿経を一巻に束ねたものが屋根裏から発見されているなど、一部伝世品も知られるが、発掘調査などで出土するものも多い（図79）。

樺崎寺跡のものは、頂部を山型にした、長さ二二センチ、幅八ミリほどの薄いヒノキの板に写経したもので、園池第三期の堆積土内よりまとまって出土している。とくに一九八五年の発掘調査では、束

図80　第７次発掘調査園池柿経出土状況

になった状態で園池の西岸付近より出土した。ここには、埋めたことを示す穴などはなく、写経された一巻の柿経を外から園池の中へ流し入れたものと考えられる。また、一九九〇年の発掘調査では、中島北側の園池底に長径約七五センチ、短径約五〇センチ、深さ約二〇センチの穴を掘り、その中に埋納された状態で出土した（図80）。こちらは、園池改修という大事業にともなって行われた足利一族の追善供養などのために作られた柿経を、改修時に埋納したものと推測される。このように樺崎寺跡では、園池第三期である南北朝期～室町時代に数度にわたって柿経の埋納が行われたものと考えられる。

　整理作業が進んでいるものからその特徴を示すと、法華経が、裏と表の両面に写経されている。一般に写経をするときは、柿経二〇本を横にならべて右から順に写経し、片面が終了した後に全体を裏返し、今度は、左から写経を行う。したがって二〇本が一単位となる。樺崎寺跡出土の柿経は、完形に近いものが約八〇〇枚、破片を含めると約一八〇〇〇枚あり、もともとは一巻分の二千枚はあったものと考えられる。一枚あたり一行、約一七文字の経文を書写している。さいわいにも、園池より出土した柿経から法華経の第八巻最期の部分を確認し、写経の内容や方法を知ることができた。「妙法蓮華経第八」と写経した後、「天龍人非人等一切大会皆大歓喜受持佛」、「経時普賢等諸菩薩舎利佛等諸声聞及諸」、「大千世界微塵等諸菩薩具普賢道佛説是」という最後の常套句を書写した後「南無阿弥陀佛」を一〇回書いて終了している。

近年の発掘調査では、金剛界大日如来を表す「バン」の梵字だけが書かれた短い木札や、法華経以外の経文で大日如来を讃える「大毘盧遮那成仏神篇加持経」を両面に写経したものなども出土しており、書写された経文にもバリエーションがあることが確認されている。

3　護摩炉

密教寺院では、仏堂に護摩壇を設け、護摩木を焚いて息災、調伏、敬愛などを本尊に祈念する儀式を行う。護摩を焚く場を護摩炉という。現代の寺院で使用されている護摩炉は、鋳造によって造られた鉄製で一体のものとなっているが、樺崎寺跡からは、護摩を焚く土製の炉の部分とその周囲を鍔状にまわし護摩壇に炉を固定する瓦製の炉縁の部分が別造りになったものが、三種三個体出土している。以下、板橋稔の考察にもとづいて記したい。

護摩炉の炉縁は、三個体ともに園池北側の平場から出土した。資料一は、建物9の北西付近より出土したものである（図81）。円形で、外径四〇・八《セン》チ、内径二一《セン》チである。色調は、表面が灰色、器肉は灰白色を呈する。炉を受ける受け口の部分に小さな三鈷杵が線刻され、また、鍔状の外縁部上面にも三鈷杵の鈷先が大きく線刻される。現代に伝えられる護摩炉から類推すると、外縁部の上面は三鈷杵を十字に組んだ羯磨杵と蓮弁とが描かれていたものと考えられる。資料二と比較すると三鈷杵、羯磨杵ともに線刻で省略され図案化された表現になっており、やや時代が下るものと推測される。建物9の基壇上面から炉として使用されたものと考えられる「るつぼ形土製品」が出土しており、その外径と資料一の内径が一致することから、これが炉として使用されていたものと

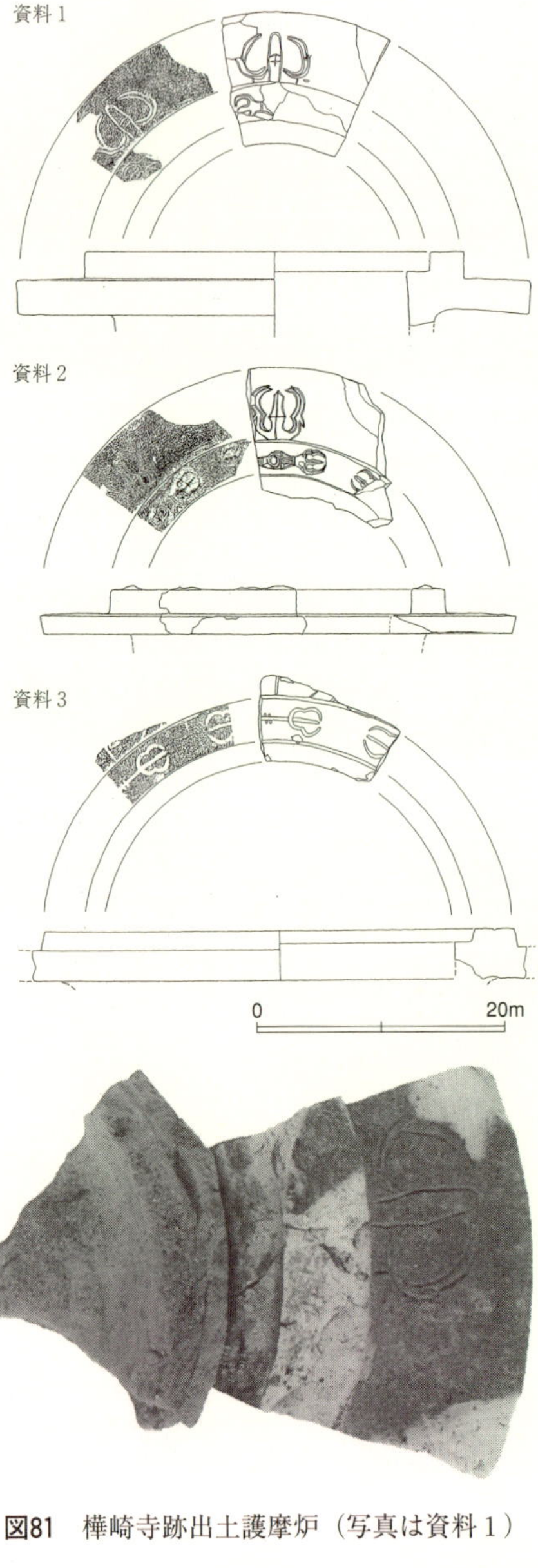

図81　樺崎寺跡出土護摩炉（写真は資料１）

推定される。これによって建物9の護摩壇に置かれていた護摩炉の形態を知ることができる。

資料二は、建物9の南西にあった十五世紀頃の溝跡内から出土した。資料一と同じく円形であるが、大きさは、外径約三八㌢、内径約一八㌢とやや小さい。外縁部の厚みが薄く、やや安定性に欠ける。外面の色調は暗灰色、器肉は灰白色を呈する。受け口部の三鈷杵は立体的で細部も忠実に表現され、笵による型押しでつけられたものと考えられる。外縁部上面の羯磨杵は、線刻ではあるが鈷の形が忠実に描かれている。

資料三は、建物12周辺の造成土中より出土した。やはり円形で、外縁部がほとんど欠けており外径はわからないが、内径は約二七・六㌢と大きい。色調は、外面器肉ともに灰色で焼成はややあまい。受け口部には一本の線に図案化された三鈷杵が描かれ、外縁部にも線刻があるが、文様は判別できない。

これら護摩炉の年代については、資料一が、建物9近辺から出土したことから、一二九九（正安元）年に焼失し、その後再建されたという下御堂で使用された十四世紀前半のものと考えられる。一方、資料二は、型押しで忠実に表現された三鈷杵や外縁部上面に彫られた羯磨杵の写実的な表現などから、資料一に先行する十三世紀代のものと考えられる。さらに資料三は、簡略化された表現から、前記二資料より後の十四世紀後半〜十五世紀前半頃のものと考えられる。

このような土製の護摩炉が発掘調査で出土した事例は、大阪日置荘遺跡、新潟胎内市の奥山荘政所条遺跡群下町・坊城遺跡など数例しかなく貴重である。

護摩炉の形は、増益法には方形炉、降伏法には三角炉などとされるが、これらはいずれも円形で、経儀における息災炉にあたる。息災炉は、息災法を祈願するもので、『密教大辞典』によれば、「息災法はすなわち大日を本尊とする義なり」と書かれている。資料一の護摩炉が設置されていたと推定される建物9、あるいは資料二が設置されていたと考えられるその前身の建物は、「縁起」（鑁一一一四）によれば、本尊は大日如来であった可能性が高く、まさに息災法を祈願する場としてふさわしい場であった。「将軍足利尊氏御判御教書」（鑁六〇二）は、文和三（一三四五）年十二月に室町幕府初代将軍の足利尊氏から、樺崎寺の別当に宛てて送った御教書で、天下静謐の祈祷を精誠に行ってくれたことに対する礼状であるが、天下が息災であるよう祈念するこのような祈祷も、下御堂にて行われていたものであろう。

Ⅵ　樺崎寺跡に関連する文化財

1　樺崎八幡宮本殿

足利市指定文化財である樺崎八幡宮本殿は、八幡山の中腹に東面して建つ。礎石立ちで、桁行二間、梁行二間、一間社流れ造りで向拝をもち、比較的規模が大きな社殿である。一九八八（昭和六十三）年から一九八九（平成元）年にかけて保存修理工事が行われた（図82）。改修前の屋根は瓦葺であったが、修理時の調査の結果、もともとは桧皮葺あるいは柿葺であったことが判明し、維持・管理の関係から銅板葺に改修した。

向拝正面にある水引虹梁の中央上には透かし蛙股を置き、向拝柱には獅子や獏の形状をした木鼻を付ける。向拝柱の上部と垂木との間には牡丹の花を意匠化した手挟みが取り付けられる。母屋と向拝との間は、屈曲した大きな海老虹梁で結ばれる。母屋に付けられた木鼻は、渦文がつく禅宗様木鼻で、比較的簡素なものである。本殿頭貫上には透かし蛙股を置き、その脚内にトラや鳥などの彫刻が取り付けられている。高欄縁のもっとも奥にある左右の脇障子には昇り龍と降り龍が彫られ

図82　樺崎八幡宮本殿

ている。本殿の板壁は、松等の絵画が描かれていたものと推定され、改修工事時にも詳細な調査を実施したが、文様の構成を確認することはできなかった。蛙股の脚内や手挟みには流麗な彫刻がみられるが、壁や母屋の木鼻には彫刻を施さないなど、天和年間（一六八一～八三）に再建されたものとされる社伝に合うかのような江戸時代前期の建築様相を示す。

本殿中央の床下には「足利義兼公御廟」の木柱が立てられている（図9参照）。地域の伝承では、この場所こそ足利義兼公が入定した地であり、義兼公がそのままここに埋葬されていると伝えられる。このあたりの地面は岩盤のはずであるが、やや窪みがあり、地域の伝承のようになんらかの埋納遺構である可能性も高い。

2　厨子入り大日如来坐像

樺崎寺跡の南東方向約二・五キロに位置する菅田町光得寺は、源姓足利氏三代目の足利義氏が創建したと伝えられる寺院である。ここに、かつて樺崎八幡宮にあり、足利義兼が背負って諸国を行脚したとの伝承をもつ厨子入り大日如来坐像（重要文化財）が所蔵されている。

　黒漆塗り厨子の中央には、獅子を七ないし八頭配した蓮華座があり、この上に大円相光を背負って智拳印を結び結跏趺坐《けつかふざ》する金剛界大日如来像がある（口絵参照）。大日如来像の像高は三一・三センチと小型の像である。厨子の内扉には、金剛界ならびに胎蔵界の大日如来を表すバン・アの梵字が付けられ、厨子内壁の光背周囲には、金剛界成身会三十七尊を表したとみられる菩薩像が二十八躯取り付けられている。

　この光得寺像は、山本勉によって詳細に分析され、像容や像内納入品の特徴から運慶の作品であり、足利義兼が出家した一一九五（建久六）年から没した一一九九（正治元）年の間に制作されたものと推定されている。鎌倉時代の初め、運慶は北条時政の願成就院や和田義盛の浄楽寺など、鎌倉幕府における有力御家人の発願による寺院の造像を手がけたことで知られている。

　本像の由来については、樺崎八幡宮の『下野国足利郡樺崎郷八幡宮紀源』のなかに記されている。本縁起は一六九八（元禄十一）年に東大寺二月堂別当の道恕によって書かれたものである。これによれば、「義兼は、建久六年三月十三日に東大寺において出家し、義称と号した。漢土より所来の黄金び盧遮那像の額に仏舎利を籠め、および三十六尊の霊仏とともに一つの笈に入れて、自らこれを負擔し、六十余州の神社仏閣行かない所は一つもなかった。……足利に帰り、樺崎の山崖に一堂を草創して負擔してきた仏像を安置した。傾倒礼拝レン昏に怠ることはなかった。名づけて鳴動山赤御堂という。その後、義兼、入定せんと欲するにその志迫切して止むことはなかった。自ら言いて、一眼を閉じるのは則ち未来の菩提のためである。一眼を開くのは、是れ子孫の栄耀を守るべきである。遺嘱してついに統べて入定した。正治元年三月八日」とある。

光得寺所蔵の厨子入り大日如来坐像は、「笈」に入れられ、義兼がこれを背負って諸国を行脚したとの伝承があり、厨子の背面には背負うための紐を通すことができる環状の金具が四個取り付けられている。また、厨子内にある二十八躯の菩薩像は、金剛界三十七尊を表したものとされ、三十六尊の記載に近い。さらに、レントゲン撮影によって大日如来坐像の額に仏舎利が籠められていることが確認されていることなどから、ここに記された漢土所来の黄金毘盧遮那像が光得寺蔵の大日如来坐像を示すものと考えられる（図83）。

二〇〇八年、CTによる断層撮影によって像内納入品に関する新知見が得られた。紙に包まれ針金が巻かれた歯が確認され、下顎の前歯で、像完成後に肩の刎ぎ面から納入したことがわかった。この歯が義兼のものとすれば、納入されたのが生前か、死後か、新たな疑問も生じている。

3　大日如来坐像

現在、宗教法人真如苑（東京都立川市）が所蔵し、二〇〇九年に重要文化財に指定された大日如来坐像である。二〇〇三（平成十五）年、山本勉の研究によって光得寺像よりやや古い建久年間前

図83　光得寺蔵大日如来坐像

半の運慶作の仏像であることが報告された。その後、二〇〇八（平成二十）年三月にはアメリカニューヨークでオークションにかけられ、真如苑が購入し、海外流出の危機を救った。現在は東京国立博物館に寄託されており、二〇〇八年六月以降一般に公開されて話題を呼んでいる像である（口絵参照）。本像の伝来は明らかではないが、関東地方の北部で某古美術業者が入手したものを、旧所蔵者が購入したものという。

　像高は六一・六センチと光得寺像の約二倍あるが、像容やレントゲンで確認された像内納入品が光得寺像と酷似し、密接な関係があるものと考えられる。像内に納入されている五輪塔形木札が板状であることや、光得寺像よりも顔立ちに張があり像容が浄楽寺像に近いことなどから、光得寺像より古い運慶作品として位置づけられている。

　本像に関連すると思われる記事が「縁起」にあ

る。

又下御堂（号法界寺）、彼堂佛壇下奉納瑠璃王御前・薬壽御前（兄弟二人同日死去、）御骨（云々、）爲彼両人孝養三尺皆金色金剛界大日如来像彫刻之、（累祖相伝之犀皮鎧以奉造之云々、）奉安置寶形御厨子、（建久四年十一月六日御願文在之、）。

また、下御堂（法界寺と号す）は、堂の仏壇の下に瑠璃王御前・薬壽御前（兄弟二人が同日に死去した）の御骨を奉納し、彼の二人の孝養のために三尺皆金色の金剛界大日如来像を彫刻し、（祖先から伝わった犀の皮で作った鎧をこの製作費用に充てた）寶形の御厨子に安置奉った（建久四年十一月六日の御願文がこれに書かれている）。

山本によれば、この大日如来坐像は、坐像で高さ約二尺、髪際高で約四五センチを測り、立像に換算するとその倍の九〇センチ、つまり三尺で、本像が「縁起」に見える三尺皆金色金剛界大日如来像である可能性はきわめて高いとしている。

このようなことから、本像は、まさに建久四（一一九三）年十一月六日に下御堂の本尊として祀られた金剛界大日如来像そのものにあたると考えられる。

4 地蔵菩薩坐像

市内菅田町岡崎山にある地蔵堂には、黒地蔵と呼ばれる地蔵菩薩坐像が安置されている（図84）。『足利市史』によれば、本像は、もともと樺崎八幡宮境内に存在したという地蔵堂の本尊であったとされ、樺崎寺ゆかりの像と考えられる。現在は光得寺の所蔵である。以下、大澤慶子の考察にもとづいて本像の概要を記したい。

図84　地蔵菩薩坐像

地蔵菩薩坐像は、像高九四・八センチ、ヒノキ材で玉眼嵌入、等身大の像である。保存状態は良好とはいえないが、面長で張りのある面貌表現、バランスよく破綻なくまとまった体躯、写実的な衣文表現などから、十三世紀半ば頃の慶派仏師の製作によるものと考えられる。

「縁起」によれば、樺崎寺にあった竹内地蔵堂の本尊は、樺崎寺四代住持・重弘の等身像とされている。重弘は、熱田弁僧都とも呼ばれ、尾張の熱田大宮司家の出身である。足利義兼の母も同じく熱田大宮司家の出身で、義兼の娘も重弘の兄弟の朝氏に嫁いでおり、足利氏にとって深い血縁関係にある。一二二六（嘉禄二）年から樺崎寺の四代住持となり、一二三四（天福二）年の鑁阿寺大御堂棟札には、大行事として登場する。活躍していた年代と本像が製作されたと考えられる年代とがほぼ一致することから、本像を重弘等身像とする「縁起」の記載も可能性が高いものと考えられる。

5　足利氏と高氏ゆかりの石塔

五輪塔　江戸時代まで樺崎寺跡（樺崎八幡宮境内地）にあった五輪塔は、明治維新後の神仏分離令によって菅田町の光得寺に運ばれ、今日まで保護されてきた（図85）。以下池上悟の論考にもとづいて一九基ある光得寺五輪塔について記述する。

五輪塔のうち大形の一一基は、上野国新田荘笠懸の天神山で産する凝灰岩製とされている。残り八基は中形の五輪塔で、凝灰岩製のほか安山岩製のものも含まれている。

「樺崎八幡宮絵図」の描写と照らし合わせると、大形のうち一〇基（図85―1～10）が足利氏御廟とされる建物1の内部に置かれていたもので、さらに残りの一基（同11）が義氏碑として義氏供養塔跡に置かれていたものと考えられる。また、中形の八基（同12～19）は、樺崎八幡宮の北側、現在神楽殿がある平場付近に置かれていたものと考えられる。

銘文は、大形のうち南から四番目のものに「康永二年　五月廿四日」と彫られ、六番目のものには「浄妙寺殿」、さらに七番めのものには「長□寺殿」と彫られている。「鑁阿寺別縁起」によれば、江戸時代後期において浄妙寺殿と長寿寺殿の五輪塔があったとされ、「長□寺殿」は「長寿寺殿」にあたると考えられる。したがって南から六番目のものが足利貞氏の供養塔、七番目のものが足利尊氏の供養塔と確認される。このことから、一〇基の五輪塔は、足利家代々の惣領の供養塔と考えられる。凝灰岩製の大形のものについては、火輪と地輪の形態変化から十四世紀中葉と後半のものの二時期に大別される。

一方、中形のものでは、安山岩製の図85―14に「月海圓公禅定門　應安四辛亥年三月廿六日」と彫られている。月海圓公禅定門は、樺崎の谷の西にある名草の地を領有していた南宗継の法名である。また、同じく15には、「前武州太守道常大禅定門　観應二辛卯年二月廿六日」と彫られ、一三

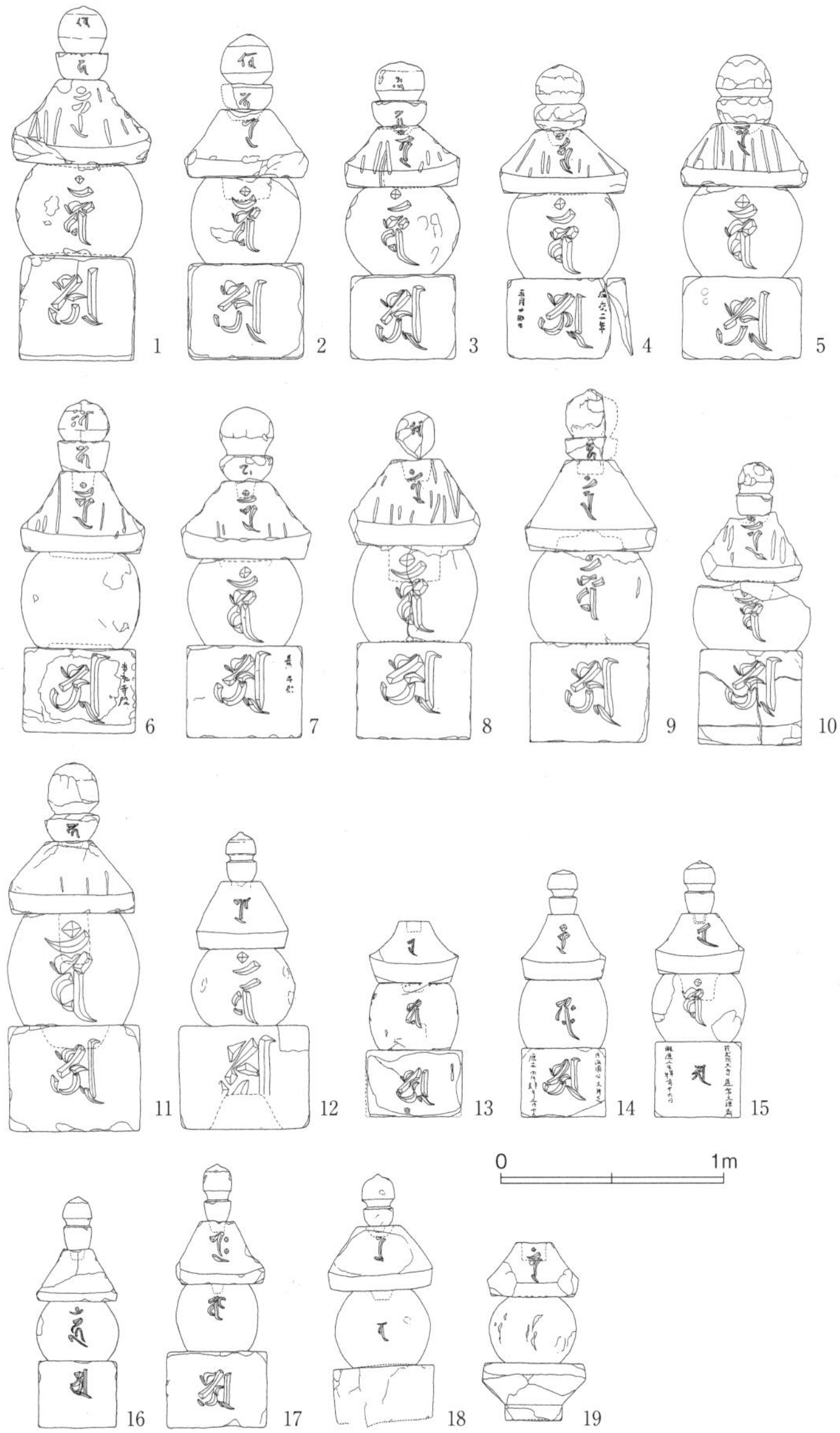

図85　光得寺五輪塔（番号は南から並べられていた順番）

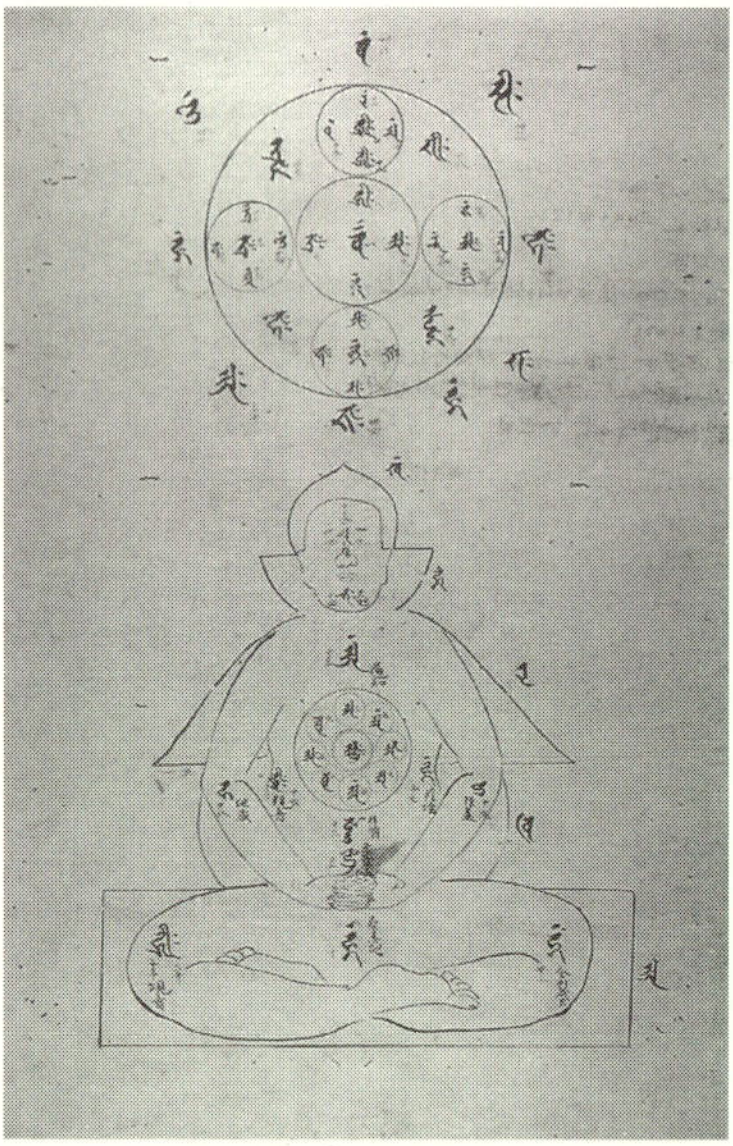

図86　臨終秘訣

五一（観応二）年の観応の擾乱にて死去した高師直のものと確認される。このようなことから樺崎八幡宮本殿北側にあった中形の五輪塔は、足利氏の執事であった高氏、あるいはその一族である南氏に関係する供養塔であったと判断できる。小型化した安山岩製のものについては、凝灰岩製のものの後に続くものと考えられている。

「五蔵曼荼羅和会釈」（称名寺蔵）によれば、五輪塔の各部材である地・水・火・風・空輪は、それぞれが人体の腰下・腹・胸・額・頂にあたるとし、五輪塔は、人が結跏趺坐した姿であるとする。また、「臨終秘訣」（称名寺蔵）には、真言行者が即身成仏する際に入定する姿形を表したものとされ、結跏趺坐する行者が五輪塔と一体となった姿が描かれている（図86）。この行者の姿が一体となった五輪塔の上に描かれているのは、金剛界成身会三十七尊曼荼羅である。また、金剛界成身会三十七尊で思い出されるのが先述の厨子入り大日如来坐像である。足利義兼の持仏堂にあったとされるこの彫刻は、山本勉によれば金剛界の曼荼羅を表現したもので、大日如来坐像背後の厨子内には、金剛界成身会三十七尊が立体的に配置されている。

現樺崎八幡宮の建つ地で即身成仏したと伝えられる義兼、その念持仏に表現された大日如来の御

図87　石造層塔

姿こそ、自らの理想の姿であった。義兼以降、足利家歴代物領の供養塔が五輪塔として表現されているのは、即身成仏したと伝えられていた義兼を理想像とし、彼に少しでも近づきたいという思いからであろう。足利氏御廟に納められていた五輪塔は、単なる供養塔ではなく即身成仏した先祖の御姿そのものと考えられていたのである。

石造層塔

足利氏御廟跡が確認された平場には、義兼供養塔と伝えられる石造層塔が置かれていた。五輪塔と同じように上野国新田荘笠懸の天神山から切り出された凝灰岩を使用したもので、初重軸部と二重分の笠部が残されている（図87）。初重軸部の四面は金剛界四仏の種字が大きく薬研彫りされる。

齋藤弘によれば、足利地方に残る中世の石造層塔は、県町浄徳寺（初重軸部）、久保田町本源寺（初重軸部）、大岩山最勝寺、同行基平（栃木県指定文化財）、そして樺崎寺跡と五基が確認されている。このうち、大岩山行基平にある層塔は、初重軸部に胎蔵界大日如来坐像を立体的に肉彫りしたもので、建長八（一二五六）年の銘がある（図11）。この層塔は、足利市内に現存する最古の石造物として重要である。

この大岩山石造層塔と樺崎寺跡石造層塔を比較

すると、初重軸部の陰刻は大岩山のものが肉彫りの仏像なのに対し、樺崎寺跡のものが種字である点、笠部の軒反りが大岩山のものはほとんど見られないのに対し、樺崎寺跡のものは両端がやや反ることなどから、樺崎寺跡のものは年代的にやや新しい十三世紀後半代と考えられる。

前述の池上の分析とあわせて考えると、この平場での石造物の造立は、石造層塔がまず始めに、次いで五輪塔群が建てられていったものと考えられる。

Ⅶ　樺崎寺跡から見た中世史

1　中世寺院の構造と伽藍配置

樺崎寺跡の発掘調査で中世寺院の全体像を解明することができたことはたいへん大きな意義がある。ここで言う全体像とは、寺院の中心で宗教儀礼を行う空間と、寺院を運営するために僧侶などが日常生活を行った空間、そして寺域の内外を区画する溝や塀等の施設のことを指す。

樺崎寺跡で確認された建物跡をその基礎構造から見ると、大きく礎石建物跡と掘立柱建物跡とに分けられる。このうち礎石建物跡は、八幡山山麓と園池北側平坦地に建てられている。この部分が寺院の中心部分であり、宗教儀礼が行われていた「儀礼空間」であった。一方、掘立柱建物跡は、園池北側平坦地のさらに北側の区域や、樺崎川の東側など、礎石建物跡が建てられていた平場の周囲を取り囲むようにしてある「生活空間」に建てられている。ここから、建物の階層性と伽藍の中での配置とに深い関連があることを知ることができる（図36参照）。

Ⅱ章で紹介した鑁阿寺所蔵の「一山十二坊図」

（図33）には、中世の鑁阿寺とそれを運営した十二坊等の建物が描かれている。現在、国指定史跡として保護されている鑁阿寺境内は、堀と土塁に囲まれた内部で、ここが宗教儀礼を行う中枢の空間である。一方、それに隣接した周囲、南側を除く東西北の三方に配置された十二坊は、鑁阿寺を運営する僧侶たちが日常生活をし、儀礼のため堀内を行き来する場であった。この鑁阿寺十二坊の一つの坊の敷地は、発掘調査が行われた鑁阿寺の東側を参考にすれば、東西約一〇〇《メートル》、南北六〇～七〇《メートル》ほどの範囲で、絵図に見られるように鑁阿寺に接して、堀によって区画された敷地が並んでいたことが確認されている。

「縁起」によれば、樺崎寺の運営を行っていたのは、六口の部屋に分かれた供僧たちで、その住まいは東部屋、西部屋、辻部屋などと呼ばれていた。樺崎八幡宮の東正面、樺崎川を渡る参道に架かる石橋の約五〇《メートル》北には、同じく樺崎川に架かる辻橋と呼ばれる橋がある。「辻」という名称は、辻部屋と関連するもので、辻部屋は、この周辺にあったものと考えられる。

その候補と考えられるのが樺崎川の西、園池北側礎石建物群のさらに北に位置する掘立柱建物群や井戸、小溝が確認された区域である。遺構群のもっとも北側は東西方向の大溝によって区画され、さらに掘立柱建物跡群の建つ敷地は、南北方向で幅約一《メートル》の小溝によって区画されている。この溝によって区画された敷地が、それぞれ掘立柱建物と井戸をもつ独立した空間であった。この一つの区画こそ、部屋と呼ばれたものであり、このすぐ南東に辻橋があることを考えれば、小溝の東側で樺崎川との間にはさまれた敷地こそ辻部屋であった可能性が高い。

今後さらに面的な発掘調査を実施することに

よって掘立柱建物跡の構造が明らかになり、さらには、中世寺院において部屋（坊）がどのような構造であったのか、明らかにすることができるものと期待される。

2　室町幕府将軍家・足利氏の廟所

私たちにとっても祖先の霊が眠る墓地は、心のよりどころとなる大切な場所であるように、中世の武士たちにとっても一族の祖先の霊を祀る廟所は、きわめて大切な場所であった。中世の葬送や墓制について考察した水藤真によれば、「墓は神聖にして侵すべからずという性質が」あり、「家の場合にはまず血統の根源であり、さらに所領・家産・諸権利の根源でもあった。そうしたさまざまな権利が大きければ大きい程、その祖の神性・霊力は絶大なものになる。当然、墓は真っ先に相続の対象となった」とし、中世武士の一族における墓の重要性を指摘する。源姓足利氏にとっては、樺崎寺こそが一族の血統の根源と考えられる廟所であり、そこを守ることは、足利氏の一族としての権威を守ることと同じだったのである。

樺崎寺跡が所在する樺崎八幡宮の裏山は八幡山と呼ばれるが、別名・赤土山や的山あるいは鳴動山とも呼ばれている。一七一七（享保二）年に書かれた「足利鑁阿寺縁起（別縁起）」によれば、一三五一（観応二）年二月、鑁阿寺北方の足利城山と樺崎寺跡の裏山である的山（八幡山）との間を長さ二丈あまりの火柱が飛んで七度往復したという。観応二年二月といえば、足利氏の重臣で執事でもあった高師直と足利尊氏の弟であった直義とが衝突し、高一族が滅亡するといういわゆる「観応の擾乱」の最中である。その後、直義も殺害されるなど、足利家にとって重大な危機を迎えていた。この異変の前ぶれとして樺崎寺裏山の八幡山が鳴動し、異変をいち早く知らせてくれたわけである。笹本正治によれば、中・近世において、このように貴族や武士の一族に危機が及ぶ前兆として、その廟所が鳴動して事前に危険を知らせることがあると信じられていたという。すなわち樺崎寺は、足利一族が危機のときに事前に危険を知らせてくれる、一族がもっとも大切にするべき廟所であったのである。

中世の墳墓がどのように変化していったのかについては、全国のさまざまな事例を見通したなかで、藤澤典彦が次のように述べている。「古代から中世にかけて円形から方形の塚墓へと変化した後、三段の石組墓となる。石組墓は次第に高さが低くなり、段の形成も不明確になっていく。このことは、墳丘自体を塔とする意識が失われていく過程を示している。そして石の区画を示すだけのものとなり、南北朝頃にはそれが連接して営まれる。さらにそれは大きな区画を分割して小区画を形成するものとなり、中世末頃には大区画の中に石塔を配するようになる」。

また、前述した水藤によれば、南北朝時代から室町時代の禅宗寺院の僧侶は、「葬る」に替えて「塔す」という表現を使用するようになっており、「葬る」という行為とそこに「塔を建てて祀る」ことが一連の行為として不可分のものとなっていたからであろうとしている。禅宗寺院の僧侶にとって葬儀を行うということは、塔を建てて祀るということであり、それによってできあがった子院が、「塔頭《たっちゅう》」と呼ばれたのである。

藤澤が示したこの中世墓の変遷は、東海地方の墓地においても確認されている。東海地方の中世墓を集成し、その変遷と特徴を考察した岡本直久によれば、中世墓の初源は、十二世紀後半の重竹遺跡から出土した床・壁面全体に石を敷いた一号石組墓や、一の谷中世墳墓群の塚墓にあり、やや遅れて土坑墓が作られ、十三世紀前半には集石墓が造られ始めるという。集石墓の前段階のものとして石組墓や塚墓が位置づけられるのである。

静岡県磐田市に所在した一の谷中世墳墓群を調査した山崎克己は、当初単独で作られた塚墓が、拡張され、その場所に新たに別の埋葬施設が作られたり、さらに周溝など周囲に集石墓などが作られることによって墓が連続して拡張されていった様子を明らかにしている。テラスに作られた集石墓も、当初中心部に一基が作られ、ある程度の間隔をあけて南北に墓域が拡張され、次に当初の墓と次に作られた墓との間の空間を埋めるようにして墓が作られ、その結果、墓が連続するようになったものとする。藤澤が示したように当初別に造られた集石墓が連接して営まれるようになり、さらに大きな区画を分割して小区画を形成するものになり、石塔を配するようになるという変遷が実際の調査のなかで証明されたのである。

樺崎寺跡で発掘調査された建物跡のうち足利氏御廟とされる建物1は、足利氏歴代惣領の供養塔である一〇基の五輪塔を並べ、その上を覆った建物跡である。このような形に整備されたのは、出土瓦の銘により一四一三（応永二十）年のこととわかるが、調査の結果、その下層には、鎌倉時代初め頃から建物16等の墳墓堂、あるいは墳墓があったことが確認された。遺構保護のため変遷の全容は明らかにできないが、建物16をかわきりとして、始めは間隔をあけて墳墓（堂）が建てられていた。その後、連接して墳墓が造られ、さらにその上に五輪塔が置かれて、最終的には南北に細長く一〇基の五輪塔を納める五輪塔覆屋として整備されたものと考えられる。

図88　毛利家歴代藩主の廟所

まさに一の谷墳墓群で見られたように始めは単独に間をあけて造られていた墳墓が連続して造られるようになっていく現象の意味を、樺崎寺跡の足利氏御廟の遺構を通して確認することができるのである。

時代が変わり近世になると、全国各地において藩主の廟所が造られた。近世における廟所は、それぞれの武将の信仰形態によって、さまざまな違いがある。山口県山口市にある毛利家歴代藩主の廟所は、土饅頭形の墳墓を横に並べただけのもので、石塔造立を好まなかったという毛利氏の信仰形態がよく表れている（図88）。群馬県甘楽町小幡の織田宗家七代の墓では、大型の近世五輪塔が横一列に並べられている。近世の廟所では、このように覆屋を建てないで大型の石塔を造立して並べた廟所が多かったのではないかと思われる。

これら全国にみられる藩主の廟所のうち、樺崎寺跡で確認された足利氏御廟の参考となる事例が、山形県米沢市に所在する史跡米沢藩上杉家墓所（廟所）である。上杉家廟所は、一六二三（元和九）年に逝去した米沢上杉藩主の上杉景勝公を埋葬するため当地を廟所と定め、御廟将をおいて警護したことに始まる。以後一二代上杉斉定公までの歴代藩主の埋葬地として廟所となっていった。一八七七（明治九）年には米沢城から初代上杉謙信公の遺骸を移葬し、中央に祀った。現在、上杉謙信公を中央にして、向かって左側に基壇を共有して二・四・六・八・一〇・一二の各藩主、

図89　上杉家廟所

右側にやはり同じ基壇の上に三、五、七、九、一一代の各藩主の御廟が並べられている。藩主一代につき一棟の瓦葺建物が造られ、その内部には御神体として一基の五輪塔が置かれ、その下に御遺骸が葬られている（図89）。

樺崎寺跡の足利氏御廟では、一〇基の五輪塔がまとまって一つの建物の中に納められているが、上杉家廟所では、それぞれが個別の建物に奉安されているというちがいはある。しかしながら、各藩主（当主）の御神体が一基の五輪塔であり、覆屋に入れられていること、これらの建物は一体的な基壇の上に建てられ、その表面には、同じような玉石が敷かれていること等、共通する要素を数多く見ることができ、時代を超えて継承された廟所の様相を知ることができる。

言うまでもなく、上杉謙信は、もともと鎌倉公方の補佐役であった関東管領職を務めた人物である。鎌倉公方や古河公方であった足利氏の重臣として、足利氏一族における廟所の様相を学んでいたからこそ、上杉家でも五輪塔を御神体として覆屋のなかに建てるという廟所の造り方をしたものであろう。蛇足になるが、米沢市内の近世墓地を訪ねてみると、石製の祠の中に小型の一石五輪塔が祀られているものが多くあり、近世になると藩主の埋葬方法をまねて庶民層も五輪塔を覆屋に祀る葬法を採用していたことがわかり、興味深い。

このように、樺崎寺跡の足利氏御廟（建物1）

は、中世武士階級の墳墓と廟所との関係を具体的に知ることができる貴重な事例であるとともに、近世武士階級における廟所の先駆をなす国内唯一の事例として重要である。

3　浄土庭園史上における位置

仲隆裕によれば、浄土庭園とは、昭和十年代に使われるようになった新しい用語で、その定義は、「仏教の浄土思想を基として、また末法思想に大きく影響されて、平安時代の中期以降盛んになった池庭の一つの形式をいい、仏堂と一体となって仏の浄土を荘厳するために仏堂前面に準備された園池を指す」とされている。

浄土庭園をもつ寺院としてわが国での先駆けをなすものとして知られているのが、平城京に所在する法華寺阿弥陀浄土院である。光明皇太后の一周忌斎会のために七六一（天平宝字五）年に建立された寺院で、屈曲する汀線と中島をもつ園池を東側に配し、その西側に中心仏堂である阿弥陀堂を置く浄土庭園をもつ寺院であったと考えられている（図90）。

中国では、七世紀に善導（六一三～六八一）が『観無量寿経疏』を著し浄土教を大成した。奈良時代には、その教えがわが国にも伝わり、阿弥陀浄土院のように浄土庭園をもつ寺院が造られた。しかしながら、わが国における当時の仏教は、鎮護国家的性格が強く、教学研究が重視されたことから、浄土教が奈良（南都）仏教のなかで流行することはなく、阿弥陀浄土院以降、浄土庭園をもつ寺院は、継続して建立されなかった。天台浄土教とともに南都浄土教が興隆するのは、永観が登場する十世紀以降のことである。

九世紀の初め最澄（七六七～八二二）が確立し

た天台宗は、続く円仁（七九四〜八六四）の時代に常行・法華三昧が根付き、後の天台浄土教興隆の淵源となった。しかし、わが国で天台浄土教が盛行するのは、延暦寺の僧日延が中国天台山を訪れ、呉越の地で盛行していた浄土教関係の著作を請来した十世紀後半以降のことである。

図90　阿弥陀浄土院にある立石

彼が請来した『往生西方浄土瑞応冊伝』は、源信（九四二〜一〇一七）の『往生要集』に引用され、慶滋保胤（〜九九七）の『日本往生極楽記』の手本とされている。慶滋保胤は、九六四（康保元）年にわが国最初の浄土教結社である勧学会を始め、また、九七五（天延三）年には自らの死後の極楽往生を祈念して、池亭と呼ばれた邸宅内に阿弥陀如来を安置する持仏堂を設けた。これが邸宅の中に持仏堂を建てた初めての例とされる。平安貴族の間では、まもなく訪れる末法の年への不安が高まり、来世での極楽安穏を祈念する浄土思想が広まっていった。

邸宅内の持仏堂という域を脱して大規模な寺院の伽藍の中に浄土庭園を位置づけた初めての例が、一〇二四（万寿元）年に諸堂宇が完成した法成寺である。法成寺は、関白太政大臣を歴任して出家した藤原道長（九六六〜一〇二七）によって建立された。浄土庭園を中心として、北に金堂（釈迦如来）、東に薬師堂（薬師如来）、西に阿弥陀堂（阿弥陀如来）が配置され、ここに仏のもつ浄土と方位との相関関係が伽藍として確立され

図91　平等院鳳凰堂

た。

　そして末法の年に突入した一〇五二（永承七）年、藤原道長の子・頼道によって宇治平等院鳳凰堂が建立される。浄土庭園の中島の上に、極楽浄土にある阿弥陀如来の宝殿をあらわした宝楼閣形式で翼廊をもつ阿弥陀堂が東面して建つ（図91）。まさに来世の極楽浄土を現世に再現した建築意匠と伽藍配置である。一九九〇年から二〇〇三年にかけて宇治市教育委員会によって行われた発掘調査では、中島全面に拳大の玉石を敷き詰めた緩やかな平安期の洲浜が確認され、現在はその姿に復元整備されている。また、鳳凰堂対岸の小御所は創建当初はなかったことや、両翼廊も創建当初は基壇がなく、池中あるいは洲浜から立ち上がっていたことが確認されるなど、平安時代のなかでも園池と建物との関係に変化があったことが指摘されている。

　このような摂関家による浄土庭園をもつ寺院の造営に対抗して、白河天皇は一〇七七（承暦元）年、平安京東の白河の地に法勝寺を建立した。大日如来を本尊として胎蔵界四仏を安置し、南面する金堂の前面に園池があり、金堂の両脇から伸びた回廊がコの字型に南庭を取り囲む。中島の中央には大規模な八角九重塔が、園池西方には九体阿弥陀堂が建つ。鎮護国家と天皇自らの来世の往生を祈願したものとされる。Ⅰ章の冒頭でも述べたように、京都では一〇八六（応徳三）年に院政が開始されて以降、白河、鳥羽殿、法住寺殿などにおいて御願寺が次々と造営された。このような御願寺の造営ラッシュは、十二世紀に入ると日本列島の各地に飛び火した。以下、樺崎寺跡につながるような浄土庭園をもつ寺院が東国の各地域において造営されていった様子を確認したい。

図92 毛越寺の園池

平泉中尊寺は、奥州藤原氏初代の清衡（一〇五六～一一二八）によって造営された寺院である。一一〇五（長治二）年より堂塔伽藍の整備が進められたとされる。山上の伝金堂跡東側にある三重の池およびその南の谷に位置する大池跡が、初期の中尊寺に関連する庭園遺構と考えられ、全容の解明が期待される。奥州藤原氏二代の基衡（一一〇五？～一一五七？）は、毛越寺の造営を行った。南大門から橋で小型の中島を渡り金堂正面の南庭へと至る（図92）。薬師如来を本尊とする金堂（円隆寺）は南面し、両脇から伸びる回廊はコの字型に南庭を取り囲み園池へと張り出している。中島上に九重塔こそないが、建造物と園池との配置に関しては、京都白河にある法勝寺の直接的な模倣の結果と考えられている。

十二世紀後半、奥州藤原氏三代秀衡（一一二二？～一一八七）が造営した無量光院は、建造物と園池との配置関係、建造物の構造など、先に造営されていた宇治平等院鳳凰堂を模倣したものとされている。島の上に建てられた阿弥陀堂はまったく同じ平面形で、その脇から伸びる翼廊は、無量光院のほうがやや長い。鳳凰堂にはある尾廊が付かないことも大きな相違点である。また、鳳凰堂にはない阿弥陀堂東側園池内の中島上では、三棟の建物跡が確認されている。この三棟の建物跡の性格については、福山敏男が西方建物を舞殿に拝所を兼ねたものとする見解を示し、本中もこれを支持している。筆者も平等院庭園で仮設舞台を設置して行われた十種供養など、儀式の舞台や楽所を常設で設置したものであり、平等院より利便性を高めたものとして評価したことがある。奥州平泉にて造られた浄土庭園をもつ寺院は、単なる京都の模倣ではなく、利便性をより高めるなど、独自の工夫が加えられていたのである。

奥州藤原氏の影響を受けて造営されたと考えられる陸奥の寺院が、宮城県栗原郡花山村に所在する花山寺跡である。南向き緩斜面の上のほうに三間四面堂を、その南側前面に中島をもつ園池を配置する。翼廊をもたない仏堂とその前面に園池を置くタイプの浄土庭園をもつ寺院である。このほか、山形県山形市の滝の山廃寺跡、山形県高畠町の安久津八幡宮、宮城県角田市の高蔵寺阿弥陀堂なども浄土庭園をもつ寺院であったと考えられる。

陸奥国南部の寺院は、従来から奥州藤原氏の影響が強調されてきたが、近年、それぞれの在庁官人や在地領主層による独自の造寺・造仏活動によるものとの評価が高まっている。

福島県いわき市の白水阿弥陀堂は、周囲を山に囲まれて南面する阿弥陀堂とその南側前面の園池からなる。北から伸びる岬の上に一間四面堂の阿弥陀堂が置かれ、それを取り囲むかのように中島をもつ園池が造られる（図93）。創建された年代と開基については、従来から十二世紀中頃、藤原秀衡の妹で磐城則道の妻・徳尼であるとされていたが、近年、岩崎郡に属することから、磐城氏というよりも岩崎氏が関与したものとの説が出されており、今後の研究が注目される。また、福島県会津坂下町の薬王寺遺跡では、十二世紀前半～中頃に造られた浄土庭園をもつ寺院跡が確認されている。調査者は、蜷河荘の荘園領主であった摂政の藤原忠実あるいは北越後を拠点として西会津にも勢力を伸ばしていた城氏の関与を想定している。

図93　白水阿弥陀堂

このように、東北地方南部においては、奥州藤原氏とはちがった、それぞれ別の勢力によって浄土庭園をもつ寺院が造られていたのである。

近年、関東地方においても平安時代にさかのぼる浄土庭園をもつ寺院の存在が確認されている。埼玉県嵐山町平沢寺は、境内地より出土した経筒銘から十二世紀中頃に秩父重綱が関与して造営された寺院と推定される。東面する伽藍をとり、西側のやや高台に大型の一間四面堂を、その東の谷地に園池を置く浄土庭園をもつ寺院である。栃木県上三川町の満願寺、茨城県常陸太田市の勝楽寺跡も浄土庭園をもつ寺院であったと考えられる。茨城県つくば市の日向廃寺も園池の痕跡は確認されていないが、翼廊をもつ寺院跡で、このような十二世紀の東国各地における在地領主層による新たな寺院造営の大きな流れを受けて建立されたものと考えられる。

治承・寿永の内乱や奥州合戦を経て、各地の在地領主層はしだいに淘汰されていった。生き残った武将たちは鎌倉幕府から守護や地頭として任命され、御家人となって幕府の運営に携わった。彼らは、浄土思想を取り込んだ天台・真言系寺院造営の伝統を院政期から引き継ぎ、それぞれの本貫地において新たな寺院の造営や伝統ある寺院の再整備を行った。足利義兼は、源範頼に従い壇ノ浦の戦いで平氏を破るなど、終始源頼朝の陣営で活躍し、奥州合戦の戦功として上総介を拝命、戦勝祈願として、身内の菩提を供養するために樺崎寺を建立した。樺崎寺は、このような時代の大きなうねりのなかで建立された寺院なのである。

樺崎寺跡と同じ頃に造営された東国の大規模な浄土庭園をもつ寺院として、願成就院と史跡永福寺跡があげられる。願成就院は、北条時政が自らの本貫地である韮山に建立した寺院で、西の守山を背景にして東面する建物を数棟配し、その前面に園池をもつ伽藍配置をとる。南が高く北が低い地形のため、園池の水は南から取り入れ北へ排水しており、樺崎寺跡とは反対の流れになるが、西側に隣接して山があること、園池は建物群の下手の方で広くなること、そこに小規模な中島をもつことなど樺崎寺跡の浄土庭園と比較して類似する点も多い。さらに、阿弥陀如来坐像他運慶作の彫刻が祀られていることも注目される。

永福寺は、源頼朝が奥州合戦の犠牲者の鎮魂のために鎌倉市二階堂に建立した寺院で（図94）、頼朝が開いた大倉幕府の位置からみれば北東、すなわち鬼門の方向に位置する。西の山を背景に東面する寺院で、平泉中尊寺の二階大堂を模したという二階堂を中心に、その左右に複廊で結ばれた阿弥陀堂と薬師堂を並べ、さらに前面の園池に向かって翼廊を突き出させた伽藍配置をとる。園池は、南北に長く、二階堂の正面には橋を架け、建物跡の南東方向に景石を多く寄せ集めた岩島をもつ。水の取り入れ口は、西の山際から釣殿の前に

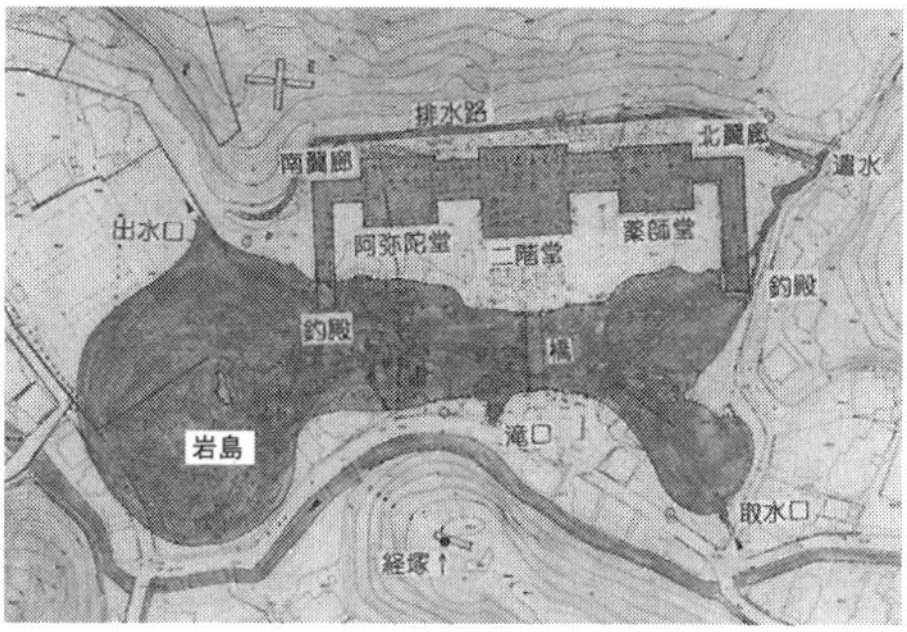

図94　永福寺跡平面図

引いた遣水と東の二階堂川からの導水口との二カ所があり、その間を南に伸びる岬としている点や岩島を建物群の前面より南に置く点など、樺崎寺跡の園池と地割上での類似点も多い。

以上のように、鎌倉時代の初頭に造立されたこれら三つの寺院は、西方の山を背景に東面する伽藍をとり、建物跡の下手でふくれる南北に長い園池をもつ点など、浄土庭園をもつ寺院として類似性がみられる。

願成就院を建立した北条時政と足利義兼とは、時政の娘（時子）を正妻としたことから、義理の父子の関係にあった。また、永福寺を建立した源頼朝とは、頼朝の妻（政子）と時子が姉妹で、義兄弟の間柄でもある。足利義兼が、願成就院や永福寺に匹敵する浄土庭園をもつ寺院を建立できたのも、深い血縁関係であり、その上姻戚関係にあったことが大きな要因であろう。

浄土庭園をもつ寺院は、源頼朝や北条時政、そして足利義兼と鎌倉幕府中枢の武将たちが造営したことによって、東国武士たちのステータスシンボルとなり、彼らの本貫地に次々と造営されるようになった。鎌倉では、三代将軍の源実朝が、一二一四（建保二）年、臨済宗の祖・栄西を導師として、十二所に大慈寺を建立する。山を背景に南面し、主要建物の前面に細長い園池をもち、永福寺を南面させ小型にしたような伽藍配置をとる（図95）。十三世紀中頃になると、北条実時は、朝比奈切通しを越えた金沢に称名寺を建立する。創建当初は、東面する阿弥陀堂を中心とした浄土教寺院であったが、十三世紀後半には忍性によって真言律宗の寺院となり、南面する大伽藍の寺院へ造りかえられている。

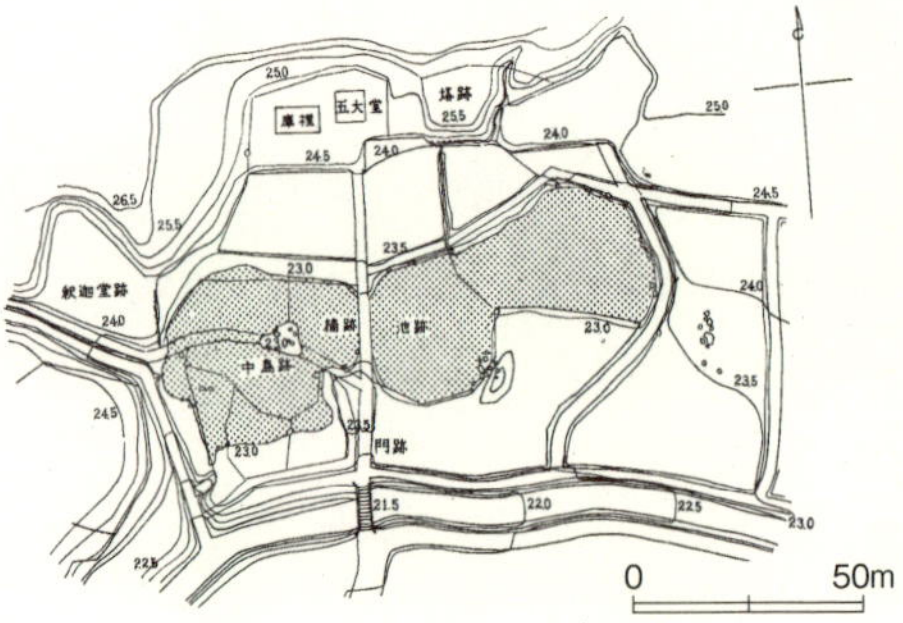

図95　大慈寺跡平面図

一方、下野国足利では義兼の子・義氏が法楽寺を、その子・泰氏が智光寺を、さらにその子・頼氏が吉祥寺を、晩年になると代々の惣領が、自らの本貫地である足利に浄土庭園をもつ寺院を造り、没後にはそこに葬られ、菩提寺となった。上野国でも、上信越自動車道建設にともない発掘調査された藤岡市白石大御堂遺跡で、十三世紀前半頃に造られた浄土庭園をもつ寺院跡が確認されている。

また、新田荘においても、新田義季が開基、栄朝が開山となり建立された世良田長楽寺、新田政義が開基、静毫が開山となって建立された別所円福寺などは、もともとは浄土庭園をもつ寺院として造られた可能性が高く、新田一族においてもこのような寺院の建立が隆盛していたことが想定される。

さらに、武蔵国では、発掘調査によって中島をもつ園池跡が確認された阿保実光建立の阿保山吉祥院、地形や伝承によって園池の存在が指摘されている比企氏とゆかりが深い東松山市の正法寺阿弥陀堂跡、本庄市にある荘氏ゆかりの宥勝寺、ときがわ町の龍福寺などの存在が指摘されており、規模のちがいはあるが、十三世紀中頃まで東国の各所において浄土庭園をもつ寺院が引き続き造営されていたことが確認できる。

樺崎寺跡は、これら東国の浄土庭園をもつ寺院を代表するもので、ひときわ規模が大きく、発掘調査によって解明が進んでいる事例として、その価値はきわめて高い。

4　東国中世史における樺崎寺跡

室町幕府を創設した足利尊氏は、京都で幕府を統括する将軍職の他に、東国支配のため鎌倉に鎌倉府をおいた。鎌倉府は、足利一族から選任された鎌倉公方と、幕府から任命された関東管領が運営していた。京都の足利将軍家は、三代将軍足利義満が南北朝を合一し、日本国王として明に使者を送るなど強大な権力を築くが、四代将軍足利義持以降権力争いを繰り返し、将軍の権力はしだいに衰退していく。このような中で、四代鎌倉公方足利持氏は、京都将軍家に強い対抗心を燃やし、将軍を後ろ盾とする関東管領上杉憲実との溝がしだいに深まっていった。

樺崎寺では、一四二一（応永二十八）年七月二十二日、法界寺（下御堂）にて先の鎌倉公方足利満兼十三回忌の追善供養ならびに御廟（足利氏歴代）供養として曼荼羅供が行われている（鑁一〇九）。施主は記されていないが、おそらくそのときの鎌倉公方で満兼の子・持氏であったと推測される。足利氏歴代惣領の供養塔である五輪塔一〇基が並ぶ足利氏御廟の整備は、瓦に刻まれた年号から一四一三（応永二十）年のことと確認できるから、この御廟整備は追善供養も視野にいれたものと考えられる。

足利持氏は、その後も京都の足利将軍家に対抗する意識が強く、出家していた足利義教がくじ引きで六代将軍に選ばれると、さらに反発を強め、一四二九（正長二）年に元号が永享に改元されても、正長の元号を使い続けた。一四三〇（正長三）年には鑁阿寺および樺崎寺の寺領に対する恒例・臨時の諸役免除や雑務検断の免除を保証するよう惣政所に求めるなど（鑁九）、両寺の運営を強く支援している。足利氏の本貫地にある氏寺や廟所への強力な支援は、京都の将軍に対抗して我こそが足利家の継承者であるということを示威するものであろう。

そして一四三七（永享九）年、ついに鎌倉公方足利持氏と関東管領上杉憲実との戦いが勃発する（永享の乱）。これは、京都の足利義教に対して鎌倉の足利持氏が起こしたクーデターであった。一四三九（永享十一）年、鎌倉永安寺において持氏が自害し、鎌倉公方が敗北することによってこの戦いは収束した。

樺崎寺跡の足利氏御廟は、足利将軍家の継承をねらった鎌倉公方・足利持氏の夢の跡ととらえることもできよう。

Ⅷ　これからの史跡樺崎寺跡

二〇〇一（平成十三）年一月二十九日、官報告示によって、樺崎寺跡は国の史跡となった。足利市内では、一九二二（大正十一）年に指定された足利氏宅跡（鑁阿寺）に続いて、実に七九年ぶり、三番目の国指定史跡の誕生である。

足利市では、この史跡の重要性を認識し、『歴史都市宣言』を行った足利の個性を活かしたまちづくりに役立てようと、現在、保存整備事業に取り組んでいる。保存整備を実施するにあたっては、次のような理念にもとづいて行うものとしている。一、遺跡の保存を第一義とする。二、他の史跡にはない樺崎寺跡の特色を示す。三、周辺の自然環境の保全をはかる。四、わかりやすい遺跡の表示や便益施設の整備など来訪者へのサービスに心がける。五、調査のときから広く公開を行い、最新の情報を発信できるよう計画するなど積極的な公開活用をはかる。また、保存整備の対象とする時期は、遺構保護の観点から、一四一三（応永二十）年に鎌倉公方足利持氏によって再興された時期（E期）とすることとなっている。

これらの理念にもとづき、二〇〇五（平成十七）年度から二〇〇七（十九）年度にかけて保存

図96　保存整備された足利氏御廟跡

整備第一期工事として八幡山山麓堂塔跡の整備事業が行われた。発掘調査された遺構は、埋め戻すことによって保護し、その上に礎石や基壇などを復元して、建物遺構の規模や形状がわかるよう整備を行った（図96）。また、各建物遺構の前には、磁器製の説明板を置いて、来訪者への便宜を図っている。

今後、第二期整備事業として、園池の復原やガイダンス施設の整備等を行う予定になっているが、現在ある樺崎八幡宮と一体となって、ともに栄えるような史跡整備を目ざすとともに、室町幕府を創設した足利氏がすでに鎌倉時代から高い文化を有し、本貫の地足利には、それらの文化遺産が遺されているということを広く発信していきたい。だれからも愛される史跡として末永く活き続けることを願っている。

樺崎寺跡（樺崎八幡宮）見学ガイド

所 在 地　〒326-0004　栃木県足利市樺崎町1723

交通機関　JR 足利駅から車で15分
東武足利市駅から車で20分

問い合せ　【足利市教育委員会　文化課】
電話　0284-20-2230
FAX　0284-21-1005

遺物展示　【郷土資料展示室】
開館日　月曜～土曜日　午後１時～４時（祝祭日休館）
住所　〒326-0064　栃木県足利市東砂原後町1005
電話・FAX　0284-42-7616

参考文献

足利市教育委員会　一九九二『法界寺跡発掘調査基本計画書』
足利市教育委員会　一九九五『法界寺跡発掘調査概要』
足利市教育委員会　一九九九「樺崎寺跡第十四次発掘調査（L地点）」『平成九年度文化財保護年報』
足利市教育委員会　二〇〇〇「樺崎寺跡第十五次発掘調査（C・B地点）」『平成十年度文化財保護年報』
足利市教育委員会　二〇〇二「樺崎寺跡第十七次発掘調査」『平成十二年度文化財保護年報』
足利市教育委員会　二〇〇八『東国中世史の中の樺崎寺跡―足利氏・寺院・庭園―』発表要旨
足利市教育委員会　二〇〇九『日本中世史に足利氏が残したもの』発表要旨
足立佳代・齋藤和行　一九九三「足利における中世瓦の一様相」『唐澤考古』十二号　唐澤考古会
足立佳代　二〇〇六「柿経」『季刊考古学　第九十七号　特集　中世寺院の多様性』雄山閣
有賀祥隆　一九九六『仏画の鑑賞基礎知識』至文堂
市橋一郎他　一九九四「足利公園古墳群第四次発掘調査」『平成四年度埋蔵文化財発掘調査年報』足利市教育委員会
池上　悟　二〇〇八『石造供養塔論攷』ニューサイエンス社
石川安司　二〇〇一「比企型陽刻剣頭文軒平瓦とその周辺―武蔵六所宮比企郡都幾川流域の交流―」『府中市郷土の森紀要』十四　府中市郷土の森博物館
石川安司　二〇〇八「瓦・仏像・浄土庭園遺構―埼玉県内の鎌倉時代前半を中心に―」『東国武士と中世寺院』高志書院
板橋　稔　二〇〇七「史跡樺崎寺跡出土の護摩炉についての一考察」『栃木県考古学会誌』第二十八号　栃木県考古学会
上原真人　一九九〇「平瓦製作法の変遷―近世造瓦技術成立の前提―」『播磨考古学論叢』

大澤慶子　一九八九「足利光得寺黒地蔵堂の地蔵菩薩坐像」『MUSEUM』第四六一号　東京国立博物館
大澤伸啓　一九九三「鎌倉時代関東における浄土庭園を有する寺院について」『唐澤考古』第十二号　唐澤考古会
大澤伸啓　一九九五「関東地方の浄土庭園をもつ寺院について」『浄土庭園と寺院記録集』鎌倉市教育委員会
大澤伸啓　一九九八「寝殿造系庭園と浄土庭園」『日本庭園学会誌』第六号　日本庭園学会
大澤伸啓　二〇〇一「庭園―平等院から永福寺」『都市・平泉―成立とその構成―』日本考古学協会二〇〇一年度盛岡大会実行委員会
大澤伸啓　二〇〇三「下野国におけるかわらけの変遷」『栃木の考古学』塙静夫先生古稀記念論文集
大澤伸啓　二〇〇七「史跡樺崎寺跡出土四耳壺の埋葬形態に関する一考察」『栃木県考古学会誌』第二十八号　栃木県考古学会
大澤伸啓　二〇〇八「武蔵武士と浄土庭園」『東国武士と中世寺院』高志書院
岡本直久他　一九九四『東海の中世墓』（財）瀬戸市埋蔵文化財センター
加藤允彦　一九九〇「庭園と茶の歴史」『古代史復元一〇　古代から中世へ』
川島守一　一九四一『足利考古図録』
菊地卓・栃木県立足利女子高校歴研部　一九八五「源姓足利氏と樺崎法界寺」『史』第一七号
菊地卓・栃木県立足利女子高校歴研部　一九八六「樺崎法界寺の研究」『史』第一八号
日下部高明　二〇〇四「国史跡「樺崎寺跡」と足利氏―尊氏をめぐる」『足利文林』第六〇号　足利文林会
齋藤彦司・道津綾乃　二〇〇二『称名寺の石塔―中世律宗と石塔―』神奈川県立金沢文庫
齋藤　弘　二〇〇三「板倉中妻居館跡と足利庄」『栃木の考古学』塙静夫先生古稀記念論文集
齋藤　弘　二〇〇七「足利における五輪塔造立階層の拡大」『栃木県考古学会誌』第二十八号
笹本正治　二〇〇〇『鳴動する中世』朝日新聞社
柘植信行　二〇〇七「中世「熱海」の信仰空間」『温泉の文化誌』岩田書院

清野孝之　二〇〇六「法華寺阿弥陀浄土院の庭園遺構」『古代庭園研究Ⅰ』奈良文化財研究所
真言宗全書刊行会　一九三四『真言宗全書（血脈類集記・野澤血脈）』三十九
水藤　真　一九九一『中世の葬送・墓制―石塔を造立すること―』吉川弘文館
杉本　宏　二〇〇六『日本の遺跡6　宇治遺跡群』同成社
高橋一樹　二〇〇二「中世荘園の立荘と王家・摂関家」『院政の展開と内乱』吉川弘文館
千田孝明　一九九一「足利氏の歴史―尊氏を生んだ世界―」『足利氏の歴史―尊氏の世界―』栃木県立博物館
長　太三　二〇〇六『史跡樺崎寺跡』美ツ和印刷
長宗繁一・鈴木久男　一九九四「鳥羽殿」『平安京提要』（財）古代学協会・古代学研究所
仲　隆裕　一九九五「浄土庭園について」『浄土庭園と寺院記録集』鎌倉市教育委員会
中山晋・金沢誠　二〇〇二『板倉中妻遺跡』栃木県教育委員会・（財）とちぎ生涯学習文化財団
中山雅弘　二〇〇七「中世前期の磐城―開発の拠点と遺跡」『御館の時代』高志書院
埴原和郎　一九九二「法界寺跡出土人骨鑑定報告書」『法界寺跡発掘調査基本計画書』足利市教育委員会
深澤靖幸　二〇〇四「瓦の年代」『武州二宮神社と古代・中世の瓦』あきる野市教育委員会
福山敏男　一九五四「第五章　建築跡」『無量光院跡』文化財保護委員会
藤澤典彦　一九八九「中世墓地ノート」『仏教芸術』一八二　毎日新聞社
文化財保護委員会　一九五四『無量光院跡』
前澤輝政　一九六七『足利智光寺址の研究』綜藝社
前澤輝政　一九八六「足利・法界寺址の調査」『日本歴史』第四六一号
前澤輝政　一九九〇「足利の園池遺構」『佛教藝術』一九二号　毎日新聞社
丸山士郎他　二〇〇九「光得寺大日如来像のX線コンピュータ断層撮影（CT）調査報告」『MUSEUM』第六二一号　東京国立博物館

峰岸純夫　一九七七「足利荘と梁田御厨」『近代足利市史』第一巻通史編
峰岸純夫　一九八八「足利樺崎寺の史料について―『縁起仏事次第』の検討」『北日本中世史の総合的研究』
峰岸純夫　一九九〇「足利樺崎寺覚書」『北日本中世史の研究』吉川弘文館
峰岸純夫　二〇〇六『中世東国の荘園公領と宗教』吉川弘文館
峰岸純夫　二〇〇九『足利尊氏と直義　京の夢、鎌倉の夢』吉川弘文館
元木泰雄　二〇〇二「院政の展開と内乱」『院政の展開と内乱』吉川弘文館
本中　眞　一九九四『日本古代の庭園と景観』吉川弘文館
森　蘊　一九六二『寝殿造系庭園の立地的考察』奈良国立文化財研究所
森　蘊　一九八六『「作庭記」の世界』
柳田貞夫　一九九一「足利地方における中世寺院の諸問題」『足利地方史研究』一号
山﨑克己　一九九三「一の谷墳墓群とその周辺」『中世社会と墳墓』名著出版
山崎信二　二〇〇〇『中世瓦の研究』奈良国立文化財研究所
山崎博章　一九八六「発掘された浄土式庭園」『歴史読本』昭和六一年六月号
山本　勉　一九八八「足利・光得寺大日如来像と運慶」『東京国立博物館紀要』二三　東京国立博物館
山本　勉　二〇〇四「新出の大日如来像と運慶」『MUSEUM』第五八九号　東京国立博物館
吉村稔子　二〇〇六「三千院蔵阿弥陀聖衆来迎図考―来迎図の成立に関する一考察―」『美術史』一六一号　美術史学会

おわりに

本書において目指したことは、次の三つである。
一つには、史跡樺崎寺跡がどのような遺跡であったのか、考古学はもちろん、文献史学、建築史、庭園史そして彫刻史などの学際的な研究成果をもとに紹介すること。二つには、史跡樺崎寺跡がいかに重要な寺院であったのか、わかりやすく解説すること。そして三つには、史跡樺崎寺跡を日本史のなかに位置づけその価値を明らかにすること。

以上三つの目標がどの程度達成できたのか、それは、本書を読み終えた読者のみなさんの審判にお任せするほかない。もし、不十分であったならば、筆者の力量不足によるものであり、ご容赦いただきたい。

史跡樺崎寺跡の発掘調査は、多くの人びとの熱い思いがなければ為し得ることはできなかった。発掘調査に対しご指導くださった関係機関や指導委員会の先生方、足利市遺跡調査団、中世瓦研究会、東国中世考古学研究会、栃木県考古学会、栃木県中世考古学研究会等の中世史や考古学研究者、彫刻史や建築史、庭園史など関連分野の先生方、暑い中、寒い中にもかかわらず一所懸命発掘調査を行ってくれた調査員・調査補助員の皆様、ご自分の土地を発掘調査することをご承諾くださった多くの地権者の皆様、そして樺崎八幡宮宮司や総代長、総代や地元樺崎町を中心とする北郷地区の皆様、これらたくさんの人びとのご尽力と努力、そして協力によって本遺跡の解明が飛躍的に進んだものである。本遺跡の調査・保存・研究そしてこれからも続くであろう保存整備と活用に関わられたすべての人びとに深く感謝の意を表する次第である。

本書の作成にあたっては、鑁阿寺、光得寺、真如苑、称名寺、足利市教育委員会、東京国立博物館、金澤文庫等の皆様に貴重な資料の写真掲載についてご許可いただいた。ご快諾いただきましたことに深く感謝の意を表したい。また、編集にあたっては同成社の工藤龍平さんにご労苦をおかけした。適確かつ丁寧なご教示をいただいたことに感謝いたしたい。

本書が史跡樺崎寺跡、さらには足利の歴史を知るための一助となるならば望外の喜びである。

菊池徹夫
坂井秀弥　企画・監修「日本の遺跡」

41　樺崎寺跡《かばさきでらあと》

■著者略歴■
大澤伸啓（おおさわ・のぶひろ）
1959年、栃木県生まれ
明治大学文学部史学地理学科考古学専攻卒業
現在、足利市教育委員会主幹　史跡足利学校事務所次長
　　　立正大学非常勤講師・日本庭園学会理事・栃木県考古学会理事
主要論文
「中世足利の都市的空間」『中世東国の世界1　北関東』高志書院、2003年
「武蔵武士と浄土庭園」『東国武士と中世寺院』高志書院、2008年
「中世の遺跡から出土する遺物」『東国の中世遺跡』随想舎、2009年

2010年4月25日発行

著　者　大澤伸啓
発行者　山脇洋亮
印　刷　亜細亜印刷㈱
製　本　協栄製本㈱

発行所　東京都千代田区飯田橋4-4-8
（〒102-0072）東京中央ビル　㈱同成社
TEL　03-3239-1467　振替　00140-0-20618

ISBN978-4-88621-517-8 C3321

シリーズ　日本の遺跡
菊池徹夫・坂井秀弥　企画・監修　　四六判・定価各1890円

【既刊】（地域別）

〔北海道・東北〕
⑩白河郡衙遺跡群（福島）鈴木　功
⑫秋田城跡（秋田）伊藤武士
⑬常呂遺跡群（北海道）武田　修
⑰宮畑遺跡（福島）斎藤義弘
⑲根城跡（青森）佐々木浩一
㉗五稜郭（北海道）田原良信
㉚多賀城跡（宮城）高倉敏明
㉛志波城・徳丹城跡（岩手）西野　修
㉞北斗遺跡（北海道）松田　猛
㉟郡山遺跡（宮城）長島榮一

〔関東〕
③虎塚古墳（茨城）鴨志田篤二
㉓寺野東遺跡（栃木）江原・初山
㉕侍塚古墳と那須国造碑（栃木）眞保昌弘
㉙飛山城跡（栃木）今平利幸
㊱上野三碑（群馬）松田　猛
㊶樺崎寺跡（栃木）大澤伸啓

〔中部〕
⑤瀬戸窯跡群（愛知）藤澤良祐
⑮奥山荘城館遺跡（新潟）水澤幸一
⑱王塚・千坊山遺跡群（富山）大野英子
㉑昼飯大塚古墳（岐阜）中井正幸
㉒大知波峠廃寺跡（静岡・愛知）後藤建一
㉔長者ケ原遺跡（新潟）木島・寺崎・山岸

〔近畿〕
⑥宇治遺跡群（京都）杉本　宏
⑦今城塚と三島古墳群（大阪）森田克行
⑧加茂遺跡（大阪）岡野慶隆
⑨伊勢斎宮跡（三重）泉　雄二
⑪山陽道駅家跡（兵庫）岸本道昭
⑳日根荘遺跡（大阪）鈴木陽一
㊲難波宮跡（大阪）植木　久

〔中国・四国〕
⑭両宮山古墳（岡山）宇垣匡雅
⑯妻木晩田遺跡（鳥取）高田健一
㉝吉川氏城館跡（広島）小都　隆
㊴湯築城跡（愛媛）中野良一

〔九州・沖縄〕
①西都原古墳群（宮崎）北郷泰道
②吉野ヶ里遺跡（佐賀）七田忠昭
④六郷山と田染荘遺跡（大分）櫻井成昭
㉖名護屋城跡（佐賀）高瀬哲郎
㉘長崎出島（長崎）山口美由紀
㉜原の辻遺跡（長崎）宮﨑貴夫
㊳池辺寺跡（熊本）網田龍生
㊵橋牟礼川遺跡（鹿児島）鎌田・中摩・渡部